校企合作汽车专业精品教材

互联网+职教改革新理念教材

# 汽车保险与理赔

主编 马春阳 程高利 王永春

航空工业出版社

北京

## 内 容 提 要

本书共分为4个项目，即汽车保险概述、汽车保险险种、汽车保险承保实务、汽车保险理赔实务，系统阐述了汽车保险的理论知识及车险理赔工作的工作流程，旨在帮助学生构建汽车保险与理赔的知识体系，使其能够掌握车险理赔各环节的实际操作技能。

本书既可作为职业院校汽车类专业及相关专业学生的教材，亦可供汽车保险公司或4S店从事理赔工作的业务人员或培训人员使用。

## 图书在版编目（CIP）数据

汽车保险与理赔 / 马春阳，程高利，王永春主编
. -- 北京 : 航空工业出版社，2018.7（2023.1重印）
ISBN 978-7-5165-1641-6

Ⅰ．①汽… Ⅱ．①马… ②程… ③王… Ⅲ．①汽车保险－理赔－中国 Ⅳ．①F842.634

中国版本图书馆CIP数据核字(2018)第152413号

### 汽车保险与理赔
#### Qiche Baoxian yu Lipei

航空工业出版社出版发行
（北京市朝阳区京顺路5号曙光大厦C座四层 100028）
发行部电话：010-85672663　010-85672683

| | |
|---|---|
| 北京谊兴印刷有限公司印刷 | 全国各地新华书店经销 |
| 2018年7月第1版 | 2023年1月第6次印刷 |
| 开本：880×1230　1/16 | 字数：287千字 |
| 印张：9.5 | 定价：45.00元 |

# 前言 QIANYAN

随着我国汽车产业的高速发展,汽车保有量快速增加,汽车保险业蓬勃发展。保险公司和维修企业需要大量具有专业知识的汽车保险与理赔人才。职业院校的汽车类专业纷纷开设了相关课程,以满足人才培养的需要。

本书根据职业教育标准,本着"实用、够用"的原则精心编写而成。具体特点如下。

1. 案例导入,突出应用。本书采用项目任务式体例编写,首先通过引入与每个任务相关的典型案例,引发学生思考;然后介绍相关知识;最后让学生运用所学理论知识分析案例,学以致用。

2. 图文并茂,易教易学。本书除配有大量汽车保险流程图片和实物照片外,还精心挑选了很多装饰图片。流程图片采用双色处理,用不同颜色突出图片中的重点内容;实物照片和装饰图片精美清晰。丰富的图片生动地展示了相关知识点,为学生营造出一个直观的认知环境,给学生带来轻松、愉悦的阅读感。

3. 模块丰富,趣味学习。本书在正文中穿插了"想一想""视野拓展""小案例""故事屋"等模块,可激发学生的兴趣,拓展学生的视野,让学生快乐学习。例如,在介绍汽车保险的发展时,穿插了"世界上第一份汽车保险"故事屋小模块,让学生能够轻松地学习和了解汽车保险的发展历史。

4. 情景模拟,强化技能。本书每个项目均配有情景模拟演练,学生可根据具体情景,分组模拟,巩固知识,强化技能。在这个过程中,可充分调动学生的主观能动性,激发创新能力。

5. 扫描二维码,随时随地码上学。为体现现代化学习方式的互动性、移动性、随时性,有效丰富教师的教学手段,提高学生的学习效率,本书配备了大量的微课视频,学生可以随时随地扫描二维码进行观看,巩固知识,加深理解。

本书由马春阳、程高利、王永春担任主编,郝玉莲、黄清、窦轶达、郭承绪、张先贞、艾亮、胡志宏担任副主编。

本书在编写过程中借鉴了大量的相关资料和教材，在此，特向这些资料和教材的作者表示衷心的感谢。

由于编者经验和水平有限，若本书存在疏漏或不妥之处，恳请各位读者批评指正，以便我们进行修订和完善。

另外，本书配有丰富的教学资源包，读者可以登录文旌综合教育平台"文旌课堂"（www.wenjingketang.com）下载。

# 目录 MULU

## 项目一　汽车保险概述 ……1

### 任务一　认识风险与保险 ……2
案例导入 ……2
相关知识 ……2
　一、风险 ……2
　二、保险 ……5
　三、风险与保险的关系 ……9
案例分析 ……10

### 任务二　认识汽车保险 ……10
案例导入 ……10
相关知识 ……11
　一、汽车保险的概念 ……11
　二、汽车保险的作用 ……12
　三、汽车保险的原则 ……12
　四、汽车保险的发展 ……15
案例分析 ……17

项目情景演练 ……18
复习思考题 ……19

## 项目二　汽车保险险种 ……21

### 任务一　认识汽车保险险种 ……22
案例导入 ……22
相关知识 ……22
　一、汽车保险产品结构 ……22
　二、特殊说明 ……24

案例分析 ································································································ 24
**任务二　交强险** ······························································································ 25
　　案例导入 ································································································ 25
　　相关知识 ································································································ 25
　　　　一、交强险概述 ················································································ 25
　　　　二、交强险条款 ················································································ 27
　　案例分析 ································································································ 30

**任务三　车损险** ······························································································ 30
　　案例导入 ································································································ 30
　　相关知识 ································································································ 30
　　　　一、车损险概述 ················································································ 30
　　　　二、车损险条款 ················································································ 32
　　案例分析 ································································································ 35

**任务四　第三者责任险** ··················································································· 36
　　案例导入 ································································································ 36
　　相关知识 ································································································ 36
　　　　一、第三者责任险概述 ······································································ 36
　　　　二、第三者责任险条款 ······································································ 36
　　案例分析 ································································································ 41

**任务五　车上人员责任险** ··············································································· 41
　　案例导入 ································································································ 41
　　相关知识 ································································································ 41
　　　　一、车上人员责任险概述 ·································································· 41
　　　　二、车上人员责任险条款 ·································································· 42
　　案例分析 ································································································ 45

**任务六　附加险** ······························································································ 45
　　案例导入 ································································································ 45
　　相关知识 ································································································ 45
　　　　一、附加险概述 ················································································ 45
　　　　二、附加险条款 ················································································ 46
　　案例分析 ································································································ 52
　**项目情景演练** ······························································································ 52
　**复习思考题** ································································································· 54

## 项目三　汽车保险承保实务 ············································································ 57

**任务一　认识汽车保险承保** ············································································ 58
　　案例导入 ································································································ 58
　　相关知识 ································································································ 58
　　　　一、汽车承保的概念 ········································································· 58

二、汽车承保的影响因素 ································································· 59
　　三、汽车承保的工作流程 ································································· 60
案例分析 ····························································································· 61

### 任务二　投保 ························································································· 61
案例导入 ····························································································· 61
相关知识 ····························································································· 61
　　一、汽车投保概述 ········································································· 61
　　二、汽车保险方案 ········································································· 66
　　三、投保单及其填写 ····································································· 67
案例分析 ····························································································· 73

### 任务三　核保 ························································································· 73
案例导入 ····························································································· 73
相关知识 ····························································································· 74
　　一、核保概述 ················································································ 74
　　二、核保的工作流程 ····································································· 77
案例分析 ····························································································· 84

### 任务四　保险单证的签发、批改与续保 ················································· 84
案例导入 ····························································································· 84
相关知识 ····························································································· 85
　　一、保险单证的签发 ····································································· 85
　　二、保险单证的批改 ····································································· 91
　　三、续保 ······················································································· 93
案例分析 ····························································································· 95

项目情景演练 ··························································································· 96
复习思考题 ······························································································· 98

## 项目四　汽车保险理赔实务 ·············································································· 99

### 任务一　认识汽车保险理赔 ··································································· 100
案例导入 ····························································································· 100
相关知识 ····························································································· 100
　　一、汽车保险理赔的概念 ····························································· 100
　　二、汽车保险理赔的意义 ····························································· 101
　　三、汽车保险理赔的特点 ····························································· 102
　　四、汽车保险理赔的原则 ····························································· 102
　　五、汽车保险理赔人员的岗位要求 ··············································· 103
　　六、汽车保险理赔的工作流程 ······················································ 104
案例分析 ····························································································· 104

### 任务二　受理报案 ················································································· 105
案例导入 ····························································································· 105
相关知识 ····························································································· 105
　　一、报案的方式 ············································································ 105

二、受理报案的工作流程 …………………………………………………………… 106
　　三、受理报案的内容要点 …………………………………………………………… 106
　案例分析 ……………………………………………………………………………………… 108

## 任务三　查勘与立案 …………………………………………………………………………… 109
　案例导入 ……………………………………………………………………………………… 109
　相关知识 ……………………………………………………………………………………… 109
　　一、查勘 ……………………………………………………………………………………… 109
　　二、立案 ……………………………………………………………………………………… 121
　案例分析 ……………………………………………………………………………………… 121

## 任务四　定损与核损 …………………………………………………………………………… 122
　案例导入 ……………………………………………………………………………………… 122
　相关知识 ……………………………………………………………………………………… 122
　　一、定损 ……………………………………………………………………………………… 122
　　二、核损 ……………………………………………………………………………………… 127
　案例分析 ……………………………………………………………………………………… 129

## 任务五　赔款理算 ……………………………………………………………………………… 129
　案例导入 ……………………………………………………………………………………… 129
　相关知识 ……………………………………………………………………………………… 129
　　一、赔款理算的概念 ………………………………………………………………………… 129
　　二、赔款理算的工作流程 …………………………………………………………………… 130
　　三、赔款计算 ………………………………………………………………………………… 132
　案例分析 ……………………………………………………………………………………… 133

## 任务六　核赔与结案 …………………………………………………………………………… 134
　案例导入 ……………………………………………………………………………………… 134
　相关知识 ……………………………………………………………………………………… 134
　　一、核赔 ……………………………………………………………………………………… 134
　　二、结案 ……………………………………………………………………………………… 136
　案例分析 ……………………………………………………………………………………… 137

**项目情景演练** ………………………………………………………………………………… 138
**复习思考题** …………………………………………………………………………………… 139

# 参考文献 …………………………………………………………………………………………… 141

# 项目一　汽车保险概述

## 项目导读

近年来，我国经济高速发展，汽车行业也取得了长足的发展。但是，汽车在给人们带来交通便利的同时，也给人们带来了潜在的风险。一旦发生交通事故，往往造成严重的人身伤亡和经济损失。严酷的事实和血的教训，使人们认识到汽车保险的重要性。因此，掌握汽车保险的相关知识，对于汽车车主、保险与理赔工作者都具有重要意义。

本项目主要介绍了汽车保险的基本知识，旨在让学生全面了解和认识汽车保险，从而为后续汽车承保和理赔实务的学习奠定基础。

## 知识目标

- 了解风险与保险的概念、种类、特点及二者之间的关系。
- 掌握汽车保险的概念、作用及原则。
- 熟悉汽车保险的发展概况。

## 技能目标

- 能够熟练运用本项目所学汽车保险的知识正确分析相关案例。
- 能够进行汽车保险情景模拟演练。
- 培养学生的汽车保险意识，增强学生的实践技能，提升学生的职业素养。

# 任务一 认识风险与保险

## 案例导入

> 最近,李先生在4S店购买了一辆价值15万元的大众速腾轿车,因为是新手上路,知道自己单独开车存在一定风险,于是向工作人员小张进行咨询。小张帮他分析了汽车在使用过程中的风险,并告诉李先生,购买汽车保险可以将其所面临的风险转嫁给保险公司。
>
> 请思考:如果你是工作人员小张,你会如何向李先生分析车辆使用时所面临的风险,为什么一定要给车上保险?

## 相关知识

### 一、风险

#### (一)风险的概念

**1. 定义**

**风险**是指未来将要发生而目前尚未发生某种损失的可能性。在保险学中,风险有时又称为**危险**,包含以下三层含义。

- ◇ 风险是一种客观存在的状态。
- ◇ 风险是一种与损失相伴随的状态。
- ◇ 风险是一种损失的发生具有不确定性的状态。

### 视野拓展

**"风险"的由来和发展**

在古代,以打鱼捕捞为生的渔民们,在长期的捕捞实践中,深深地体会到"风"给他们带来的无法预测的危险。他们认识到,在出海捕捞打鱼的生活中,"风"即意味着"险",因此有了"风险"一词。

在早期,风险被理解为客观的危险,如航海遇到礁石或风暴等事件。到了19世纪,风险主要被用于与保险有关的事情上。在现代,风险已经不单单是指"遇到危险",而是指"遇到破坏或损失的机会或危险"。多年来,风险一词不断被概念化,也随着人类活动的复杂性而逐步深化,并被赋予了哲学、经济学、社会学、统计学甚至文化艺术领域等更广泛、更深层次的含义,且与人类的决策和行为后果联系越来越紧密。如今,风险一词已成为人们生活中出现频率很高的词汇。

项目一　汽车保险概述

**2．构成要素**

日常生活中，风险无处不在，其是由风险因素、风险事故和损失三者构成的统一体，三者的含义及关系如下。

（1）风险因素是指引起或增加风险事故发生的机会或扩大损失幅度的条件，是风险事故发生的潜在原因。

（2）风险事故是指造成生命财产损失的偶发事件，是导致损失的直接或外在原因，是损失的媒介。

（3）损失是指非故意的、非预期的和非计划的经济价值的减少，通常以货币单位来衡量。

由此可见，风险因素会引起或增加风险事故，而风险事故的发生又可能造成损失，三者的关系如图1-1所示。例如，因下冰雹使得路滑而发生车祸造成人员伤亡，其中冰雹是风险因素，车祸是风险事故，人员伤亡是损失；如果冰雹直接击伤行人，则冰雹是风险因素，冰雹伤人是风险事故，行人受伤是损失。

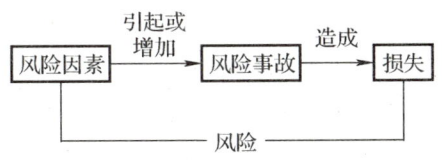

图1-1　风险构成要素间的关系

正视意外风险

### 想一想

徐某驾驶一辆捷达行驶至一路口时，因前方遇到红灯，便停车等待。此时，后面一辆大型搅拌车刹车突然失灵，撞向徐某的轿车，导致其车辆多处严重受损，且无法驾驶。

想一想，此次事故中风险因素、风险事故和损失分别是什么？

### （二）风险的种类

风险按照不同的标准可分成以下不同的种类。

（1）根据损害对象的不同，风险可分为财产风险、人身风险、责任风险和信用风险。

（2）根据风险性质的不同，风险可分为纯粹风险和投机风险。

（3）根据导致风险的因素不同，风险可分为静态风险和动态风险。

以上各类风险对应的具体含义如表1-1所示。

表1-1　风险的种类

| 分类标准 | 种类 | 含义 | 举例 |
|---|---|---|---|
| 损害对象不同 | 财产风险 | 导致一切有形财产的损毁、灭失或贬值的风险 | 车辆失窃或被抢劫 |
| | 人身风险 | 人的生命或身体可能遭受死亡、伤残或疾病的风险 | 飞机坠毁导致旅客伤亡 |
| | 责任风险 | 由于个人（或团体）的疏忽或过失行为而造成他人财产损失或人身伤亡，依照法律、契约或道义应承担民事法律责任的风险 | 产品缺陷导致消费者遭受人身伤亡或财产损失 |

3

表1-1（续）

| 分类标准 | 种类 | 含义 | 举例 |
| --- | --- | --- | --- |
| 损害对象不同 | 信用风险 | 债权人因债务人不能履行偿付或拒绝偿付而导致经济损失的风险 | 银行贷款客户不能完全履行合同的风险 |
| 性质不同 | 纯粹风险 | 只有损失可能而无获利可能的风险 | 房屋失火、汽车碰撞 |
| | 投机风险 | 既有损失可能又有获利可能的风险 | 博彩、通货膨胀时囤积商品 |
| 导致风险的因素不同 | 静态风险 | 自然力的不规则变动，或人的错误判断、错误行为导致的风险 | 洪水、火灾、交通事故、工业伤害等 |
| | 动态风险 | 与社会变动有关的风险，其往往与人的主观欲望的改变、技术的改进或社会环境的变化等有密切关系，主要是社会经济、政治以及技术、组织机构发生变动而产生的风险 | 产品滞销造成损失；通货膨胀使居民手持现金、存款贬值等 |

### （三）风险的特点

#### 1. 客观性

风险是客观存在的，不以人的意志为转移。人们可以在一定的范围内改变风险存在和发生的条件，以降低风险发生的频率和损失程度，但不能彻底消除风险。

#### 2. 普遍性

在现代社会，个体或企业普遍面临着各式各样的风险。个人面临着生、老、病、残、死、意外伤害等风险；企业面临着自然风险、市场风险、技术风险、政治风险等；甚至国家和政府机关也面临着各种风险。

随着科学技术的发展和生产力的提高，还会不断产生新的风险。例如，随着新能源汽车的推广，产生了关键零部件不成熟的风险；互联网的普及，产生了网上诈骗的风险；核技术的运用，产生了核辐射核污染的风险。正是由于这些普遍存在的对社会生产和人们的生活构成威胁的风险，才有了保险存在的必要和发展可能。

#### 3. 不确定性

风险是不确定的，否则，就不能称之为风险。风险的不确定性主要表现在风险是否发生不确定、何时发生不确定及发生的后果不确定。

##### 1）是否发生不确定

风险事故发生与否是不确定的，这是保险成立的充分条件。如果某一意外事故一定不可能发生，就不会有人去购买保险；同样，如果事先知道某一风险一定会发生，自然也不会有机构愿意去提供这类保险。

##### 2）何时发生不确定

风险事故何时发生是不确定的，也就是说，如果某一特定事故的发生是可以确定的，但是发生的时间不能预料。

##### 3）发生的后果不确定

风险发生的后果是不确定的，即损失程度不确定。例如，每年都会有车祸发生，但每一起车祸所导致的损失是不确定的，即事故车辆可能轻微擦伤，也可能大面积损伤，甚至无法驾驶。

#### 4. 可测定性

对于某一具体风险而言,它的发生是偶然的、不确定的。但通过对大量此类风险的观察发现,风险往往呈现明显的规律性。人们可利用概率论和数理统计的方法,测算风险事故发生的概率及其损失程度,并且可建立损失分布的模型,使其成为风险估测的基础。

例如,在人寿保险中,保险公司根据精算原理,通过对各年龄段人群的长期观察得到的大量死亡记录,可测算出各个年龄段人的死亡率,进而通过死亡率计算出人寿保险的保险费率。

#### 5. 可变性

风险在一定条件下可以发生变化。风险的变化,既有量的增减,也有质的改变,还有旧风险的消失和新风险的产生。世界上的任何事物都是互相联系、互相依存、互相制约的,且都处于不断变化和发展之中,这必然会引起风险的变化。例如,科学发明或技术改进都可能使风险发生变动。

## 二、保险

### (一)保险的概念

**保险(Insurance)** 是指以合理计算的风险分摊金为基础,集合多数对同等风险有取得保障需要的人,建立集中的专用基金,对约定的可能发生的事故所致的经济损失(或人身伤亡)进行补偿(或给付)的合同行为。

保险这一定义包含了以下四层含义。

- ◇ 保险的分摊金即保险费,是根据一定的数理技术合理计算出来的。
- ◇ 保险以多数经济单位或个人的互助共济关系为必要条件。
- ◇ 保险是一种以保障经济安全为目的的补偿机制,以经济损失为前提条件。
- ◇ 保险是一种合同行为。

 **视野拓展**

#### "保险思想"的萌发

自古以来,各种自然灾害、意外事故时常威胁人类的生存与发展。为了寻求防灾避祸、安居乐业之道,人类逐渐萌生了对待各种自然灾害、意外事故的保险思想和一些原始形态的保险做法,中外历史对此均有记载。

中国是最早发明"风险分散"这一保险基本原理的国家。远在明朝正德年间,中国商人就将风险分散原理运用在货物运输中。镖局诞生于清朝乾隆年间,它是我国特有的一种原始货物运输形式,经营的主要业务之一就是承运货物。商人将货物(俗称"镖码",相当于"保险标的")交给镖局,镖局验货后,将其按贵贱分级,并根据不同等级确定"镖力"(相当于"保险费率"),以此收费并签发"镖单"(相当于"保险单")。在货物到目的地且收货人按镖单验收后,在镖单上签注日期,加盖印章,并交由送货人带回,以完成手续。镖局的这些手续与现代保险的承保手续大致相同。

> 国外最早的保险思想源于处在东西方贸易要道上的古代文明国家，如古巴比伦、古埃及、古罗马、古希腊等。《汉谟拉比法典》是有关保险最早的法规，其中基尔特制就是一种原始的合作保险形式，是人寿保险的雏形。该制度创始之初，包括商人基尔特与工人基尔特2种。当团体中的会员遭受疾病、火灾甚至死亡等事故时，大家共同出资予以救济。这种制度在中世纪非常盛行，欧洲各国城市都有各种相关组织，在此基础上又产生了相互合作保险组织。

### （二）保险的种类

保险的诞生

保险按照不同的标准可分为以下不同的种类。

（1）根据保险标的的不同，保险可分为财产保险、人身保险、责任保险和信用保证保险。

（2）根据保险性质的不同，保险可分为社会保险、商业保险和政策保险。

（3）根据保险实施形式的不同，保险可分为自愿保险和强制保险。

以上各类保险对应的具体含义如表1-2所示。

表1-2 保险的种类

| 分类标准 | 种类 | 含义 | 举例 |
| --- | --- | --- | --- |
| 保险标的不同 | 财产保险 | 以各种有形财产及其相关利益为保险标的的一种保险，保险人承担对财产及相关利益因遭受保险合同承保范围内的自然灾害、意外事故等风险所造成的损失负赔偿责任 | 汽车保险、火灾保险、盗窃保险 |
| | 人身保险 | 以人的身体或寿命为保险标的的一种保险，主要包括人寿保险、健康保险和人身意外伤害保险 | 遭受伤残、死亡时，保险人依据合同约定，给付被保险人保险金 |
| | 责任保险 | 以被保险人依法应对第三者承担的民事损害赔偿责任为保险标的的一种保险 | 产品责任保险 |
| | 信用保证保险 | 以合同双方权利人和义务人约定的经济信用为保险标的的一种保险 | 履约保证保险 |
| 保险性质不同 | 社会保险 | 以国家通过立法手段对公民强制征收保险费，形成保险基金，以对其中因年老、疾病、生育、伤残、死亡等而致丧失劳动能力或失去工作机会的成员提供基本生活保障的一种社会保障制度 | 城镇职工基本养老和医疗保险 |
| | 商业保险 | 又称金融保险，是相对于社会保险而言的。商业保险是指投保人根据保险合同约定，向保险人支付保险费，保险人对被保险人的损失（合同约定的风险所致）承担赔偿责任或给付保险金的保险 | 财产保险、人身保险、责任保险 |
| | 政策保险 | 由国家财政直接投资成立的公司或国家委托独家代办的商业保险机构，为了执行某些国家政策，通常会以国家财政为后盾，推出一些不以营利为目的的保险 | 为促进出口的信用保险、种植业保险 |
| 保险实施形式不同 | 自愿保险 | 投保人和保险人采取自愿的方式，通过签订保险合同而建立保险关系的一种保险 | 商业保险 |
| | 强制保险 | 又称法定保险，是以国家有关法律、法规为依据而建立保险关系的一种保险 | 机动车交通事故责任强制保险 |

### 保险的相关概念

投保人：向保险人申请订立保险合同，并负有交保险费义务的人。

保险人：又称承保人，是与投保人订立保险合同，并承担赔偿或给付保险金责任的保险公司。

被保险人：指依据保险合同，其财产利益或人身受保险合同保障，在保险事故发生后，享有保险金请求权的人。

保险标的：保险保障的目标实体，是保险合同双方当事人权利和义务所指向的对象。

保险合同：投保人与保险人约定保险权利义务关系的协议。

### （三）保险的要素

保险的要素是指进行保险活动所应具备的基本条件。一般来说，现代商业保险的要素包括 5 个方面，即可保风险的存在、大量同质风险的集合与分散、保险费率的厘定、保险基金的建立、保险合同的订立，如图 1-2 所示。

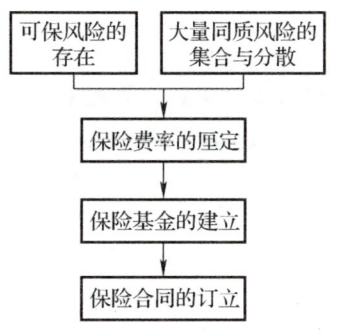

图 1-2　保险的要素

#### 1. 可保风险的存在

可保风险是指符合保险人承保条件的特定风险。一般来讲，可保风险应具备以下条件。

（1）风险应当是纯粹风险，即风险一旦发生成为现实的风险事故，只有损失的机会，而无获利的可能。

（2）风险应当具有使大量保险标的遭受损失的可能，且损失是重大的，是人们不愿或无法承担的。如果损失很轻微，则无参加保险的必要。

（3）风险不能使大多数的保险标的同时遭受损失。因为保险的目的是以大多数人支付的小额保费，来赔付少数人遭遇的大额损失。如果大多数保险标的同时遭受损失，将导致保险公司无力向被保险人支付赔付金，从而影响保险公司的经营稳定性。

（4）风险必须具有现实的可测性。在保险经营中，保险人必须制订出准确的保险费率，而保险费率的计算依据是风险发生的概率及其所致保险标的平均损失的程度。

### 2. 大量同质风险的集合与分散

保险过程既是风险的集合又是风险的分散,风险的集合和分散应具备两个前提条件,即风险的大量性和同质性。

#### 1)大量性

根据概率论和大数法则的数理原理,集合的风险标的越多,风险就越分散,损失发生的概率也就越有规律性和相对稳定性,依此厘定的保险费率才更为准确合理。如果只有少量保险标的,就无所谓集合和分散,损失发生的概率也就难以测定,大数法则便不能有效发挥作用。

#### 2)同质性

风险的同质性是指风险单位在种类、品质、性能、价值等方面大体相近。

### 3. 保险费率的厘定

保险实质上是一种特殊商品的交换行为。制订保险商品的价格,即厘定保险费率,便构成了保险的基本要素。

### 4. 保险基金的建立

保险基金是指保险人为保证其如约履行保险赔偿或给付义务,根据政府有关法律规定或业务特定需要,从保费收入或盈余中提取的与其所承担的保险责任相对应的一定数量的基金。

**资料卡**

> 《中华人民共和国保险法》(简称《保险法》)第九十八条规定:"保险公司应当根据保障被保险人利益、保证偿付能力的原则,提取各项责任准备金。保险公司提取和结转责任准备金的具体办法,由国务院保险监督管理机构制定。"

### 5. 保险合同的订立

保险合同是保证双方当事人履行各自权利和义务的依据,是体现保险关系存在的形式。保险作为一种民事法律关系,需通过一定的法律形式固定下来,这种法律形式就是保险合同。

## (四)保险的作用

保险作为一种社会经济制度,已经成为人们生活中不可或缺的一部分,它为人们的生命财产安全提供了重要保障。具体来说,保险主要有以下几种作用。

### 1. 转移风险

买保险就是把自己的风险转移出去,而保险公司会接受风险转移,是因为可保风险是有规律可循的。保险公司通过研究风险的偶然性去寻找其必然性,掌握风险发生、发展的规律,从而为众多有危险顾虑的人提供保障。

### 2. 均摊损失

转移风险并非灾害事故真正离开了被保险人,而是保险人借助众人的财力,给遭灾受损的被保险人补偿经济损失,为其排忧解难。保险人以收取保险费和支付赔款的形式,将少数人的巨额损失分散给众多的被保险人,从而使个人难以承受的损失变成多数人可以承担的损失,这实际上是把损失均摊给有相同风险的投保人。所以,保险具有均摊损失的功能，而没有减少损失的功能。

#### 3．获得补偿

均摊损失是获得补偿的前提和手段，获得补偿是均摊损失的目的。补偿的范围主要包含以下几个方面。

（1）被保险人因灾害事故所遭受的财产损失。

（2）被保险人因灾害事故使遭受人身伤亡所造成的损失，或保险期满被保险人应得到的保险金。

（3）被保险人因灾害事故依法对他人应付的经济赔偿。

（4）被保险人因对方不履行合同所蒙受的经济损失。

（5）灾害事故发生后，被保险人因施救保险标的所产生的费用。

#### 4．获取抵押贷款和投资收益

对于某些商业保险而言，虽然客户与保险公司签定合同，但客户有权中止这个合同，并得到退保金。保险合同中通常会规定：当客户资金紧张时可申请退保金的90%作为贷款，即如果客户急需资金，一时又筹措不到，可将保险单抵押在保险公司，从保险公司取得相应数额的贷款。

同时，一些人寿保险产品不仅具有保险功能，而且具有一定的投资价值。也就是说，如果在保险期间没有发生保险事故，那么在到达给付期时，所得保险金不仅会超过之前所交的保险费，而且还有本金以外的其他收益。由此可以看出，保险既是一种保障，又兼有投资收益。

#### 5．其他

保险业促进了社会经济的发展，维护了社会生活秩序的稳定，促进了科学技术的创新和发展。例如，保险公司通过赔偿被保险人的经济损失，可帮助其抵御各种经济风险；在新技术、新产品实验过程中，科技人员可能会碰到人身安全问题，这就需要保险对其做出相应的保障。

## 三、风险与保险的关系

### 1．风险是保险产生和存在的前提

保险是在风险产生的前提下产生的，无风险则无保险。风险是客观存在的，常常威胁着人们的生命、财产安全。风险直接影响社会生产过程的持续进行和家庭的正常生活，从而产生了人们对损失进行补偿的需要。因此，风险是保险产生和存在的前提，风险的存在是保险关系确立的基础。

### 2．风险的发展是保险发展的客观依据

社会的进步、生产的发展、现代科学技术的应用，这些在克服人类社会原有风险的同时，也带来了新的风险。新风险对保险提出了新要求，促使保险业不断设计新险种，开发新业务。

从保险的现状和发展趋势来看，高风险的核电站、石油化学工业、航空航天业、交通运输业等，都可以纳入保险的责任范围。

#### 3. 保险是规避风险的有效措施

面对各种风险造成的损失，如果单靠自身力量解决，就需要预留一定数量的风险基金，但这样将造成企业或个人大量资金的闲置。因此，保险就成为企业或个人规避风险或进行风险管理的有效手段。保险可把不能自行承担的集中风险转嫁给保险人，从而以小额的固定支出换取对巨额风险的经济保障。

> 风险管理是指通过对风险的认识、衡量和分析，选择最有效的方式，主动地、有目的地、有计划地处理风险，以最小成本获得最大安全保障的管理方法。

#### 4. 保险经营效益受风险管理技术的制约

保险经营效益的大小受多重因素的制约，风险管理技术作为其中重要的因素，对保险经营效益的影响很大。例如，对风险的识别是否全面，对风险发生和造成损失的概率以及损失程度的估计是否准确，哪些风险可以接受承保，哪些风险不可以承保，保险的范围应多大，程度应如何，保险成本与效益的比较等，都制约着保险的经济效益。

## 案例分析

> 保险作为一种社会经济制度，已经成为人们生活中不可或缺的一部分，它为人们的生命财产安全提供了重要保障。具体来说，保险具有转移风险、均摊损失、获得补偿、获取抵押贷款和投资收益等作用。如果小张用一小部分资金购买了汽车保险，可将其未来所面临的可能难以承受的风险转嫁给保险公司。

# 任务二　认识汽车保险

## 案例导入

> 小红是某职业院校汽车专业的学生，即将毕业的她面临着和大多数同学一样的择业问题。经过多方打听，她发现许多同学都应聘了保险公司，于是她对汽车保险的发展现状做了一个全面的了解后，认为保险行业发展前景还不错，所以决定应聘当地一家发展较好的保险公司。为了顺利通过面试，小红重新对曾经学过的汽车保险的概念、作用、原则等相关知识进行了学习，最终通过了面试。
> 　　请思考：汽车保险业的发展前景如何？

# 项目一 汽车保险概述

# 相关知识

## 一、汽车保险的概念

### （一）汽车保险的定义

**汽车保险**即**机动车辆保险**，简称**车险**，是指针对机动车辆由于自然灾害或意外事故所造成的人身伤亡或财产损失负赔偿责任的一种商业保险。

汽车保险是以汽车本身及其相关利益为保险标的的一种财产保险。汽车保险具有保险的所有特征，其保险对象为汽车及其负责人。从其保障的范围看，它既属于财产保险，又属于责任保险；在保险实务上，因保险标的内容不同而赋予不同的名称。

### （二）汽车保险相关名词的解释

1. 汽车保险参与者

- **汽车保险人**，又称汽车承保人，是指经营汽车保险业务收取保险费和保险事故发生后负责赔偿损失的机构法人，通常为保险公司。
- **汽车投保人**是指与汽车保险人订立保险合同，按保险合同负有支付保险费义务的人。
- **汽车被保险人**是指其车辆等财产或者人身受保险合同保障，享有保险赔偿请求权的人。
- **汽车保险中介人**是指介于保险人与投保人之间，专门从事汽车保险业务咨询与招揽、风险管理与安排、价值衡量与评估、损失鉴定与理赔等中介服务活动，并从中获取手续费或佣金的单位或个体。

 提 示

自然人和法人都可以成为汽车投保人。当投保人为自己的利益投保，且保险人接受其投保时，投保人就变成了被保险人。

2. **其他相关专业术语**

- **汽车保险费**是指汽车投保人根据合同约定支付给保险公司的费用。
- **保险金额**是指保险人承担赔偿或者给付保险金责任的最高限额。
- **保险责任**是指保险人承担赔偿保险金责任的风险项目。
- **责任免除**是指保险人不承担赔偿保险金责任的风险项目。
- **保险期间**也称保险期限，是指保险合同的有效期限。
- **免赔率**是指不赔金额与损失金额的比率。

11

## 二、汽车保险的作用

### （一）促进了汽车工业的发展

汽车工业已成为我国经济健康、稳定发展的重要动力之一，汽车产业政策在国家产业政策中的地位越来越重要。

与此同时，汽车保险业务的发展对于汽车工业的发展起到了有力的推动作用。汽车保险的出现，消除了企业与个人对使用汽车过程中可能出现的风险的担心，在一定程度上提高了消费者购买汽车的积极性，扩大了对汽车的需求。

### （二）稳定了社会公共秩序

随着汽车数量的不断增多、道路交通情况日益复杂，车辆时有发生意外事故，给人们带来重大的、难以承受的人身伤亡和财产损失。人们购买了汽车保险，就可以从保险公司获得相应的经济补偿，从而减轻社会压力。由此可见，汽车保险有利于稳定社会公共秩序，保障人们的合法权益。

### （三）促进了汽车安全性能的提高

保险公司为了提升自身的经济效益，除了会不断改进和提升自身的管理水平外，还会对各种交通事故进行统计与分析，并将相应数据提供给汽车制造厂家，协助和督促其不断提高汽车安全性能，从而减少自身的事故赔偿支出。

### （四）在财产保险业务中占有重要地位

目前，大多数发达国家或地区的汽车保险业务在整个财产保险业务中占有十分重要的地位。例如，美国汽车保险保费的收入占财产保险总保费的45%左右，占全部保费的20%左右；日本汽车保险的保费占整个财产保险总保费的比例更是高达58%左右。

## 三、汽车保险的原则

### （一）保险利益原则

**保险利益原则**，又称**可保利益原则**，是指投保人或被保险人对保险标的具有合法的利益。保险利益的具体构成需满足以下3个条件。

（1）**合法性**：保险利益作为投保人或被保险人享有的利益，必须是法律认可并受法律保护的。

（2）**确定性**：保险利益必须是经济上已经确认或能够确认的利益。

（3）**可计算性**：保险利益必须是可以用货币计算和估价的。

### （二）最大诚信原则

**最大诚信原则**是指保险合同双方在签订和履行合

同时，必须以最大的诚信履行各自的义务，互不欺骗和隐瞒，恪守合同的认定和承诺，否则保险合同无效。

最大诚信原则的内容主要包括如实告知义务、说明义务、保证义务、弃权和禁止抗辩义务，具体内容如表 1-3 所示。

表 1-3  最大诚信原则的内容

| 种类 | 约束人 | 含义 |
| --- | --- | --- |
| 如实告知义务 | 投保人 | 在保险合同订立时，投保人应将那些足以影响保险人决定是否承保、确定保险费率或增加特别款项的重要情况，如实告知保险人。如未履行该义务，保险人有权拒绝赔偿 |
| 说明义务 | 保险人 | 在保险合同订立时，保险人应当向投保人说明合同条款的内容。如保险人对免责条款内容未以书面或口头形式向投保人提示或明确说明的，该条款不产生效力 |
| 保证义务 | 被保险人 | 被保险人保证在保险期间遵守作为或不作为的某些规则，或保证某一事项的真实性。保险上的保证可分为以下两种<br>（1）明示保证，即以条款的形式出现在保险合同中，如安全驾驶、遵守交通规则、做好车辆维护保养工作等<br>（2）默示保证，即不以条款的形式出现在保险合同中，往往以普遍存在或认可的行为规范为准则，并将此视为被保险人保证作为或不作为的承诺，如被保险人因没有关闭车窗门而招致失窃，保险人不承担保险责任 |
| 弃权和禁止抗辩义务 | 保险人 | 弃权是指保险人放弃法律或保险合同中规定的某项权利，如拒绝承保、解除保险合同等<br>禁止抗辩是指如果保险人放弃了某项权利，就不得向被保险人重新主张这种权利 |

在如今的汽车保险市场中，保险欺诈的现象相当严重，很多投保人会故意隐瞒事实，违背诚信原则。保险人应对车辆的风险因素有足够的认识，加强风险防范措施，防止保险欺诈活动。

 小案例

2016 年 1 月 2 日，黄某和鄢某各自驾车在上海市松江区一路口发生了交通事故，保险公司支付理赔款 1 万余元。殊不知，这是一个精心策划的骗局。

此前，犯罪嫌疑人鄢某到黄某的店里维修车辆，并表达了不想支付维修费的想法，于是两人一拍即合，黄某称可以制造一起交通事故，用保险理赔费用冲抵维修费。确定时间、地点后，两人驾车同行，并通过对讲机在车内相互联系，故意制造了一起交通事故，骗取保险金。犯罪嫌疑人黄某用部分保险金为鄢某修车，其余部分归自己所有。

经查，2010 年 8 月至 2016 年 2 月，黄某以驾驶机动车故意碰擦他人车辆制造交通事故的方式，骗取保险理赔十几次，涉案金额达 10 万余元。

### （三）近因原则

近因是指造成保险标的损失最直接、起决定作用的原因。近因原则是指在风险与保险标的的损失关系中，如果近因属于被保风险，保险人应付赔偿责任；如果近因属于除外风险或未保风险，则保险人不负赔偿责任。

在实际生活中，损害结果可能由单因或多因造成。单因比较简单，即若造成损失的原因只有一个，则该原因即为近因。如果这个近因属于被保风险，保险人应对损失负赔付责任；如果这个近因是除外风险，保险人则不予赔付。多因则比较复杂，主要有以下三种情况。

### 1. 多因同时发生

多因同时发生，即损失由多种原因造成，且这些原因几乎同时发生，无先后之分。如果损失的发生同时存在多种原因，且对损失都起决定性作用，则原则上它们都是近因。而保险人是否承担赔付责任，分为以下两种情况。

（1）如果这些原因都属于保险责任，则保险人承担赔付责任；相反，如果这些原因都属于除外责任，则保险人不承担赔付责任。

（2）如果这些原因中既有保险责任，也有除外责任，则需要依据具体情况进行处理。

### 2. 多因连续发生

多因连续发生，即损失是由若干个连续发生的原因造成的，且各原因之间有因果关系。在这种情况下，最先发生并造成事故的为近因。如果该近因是保险责任，保险人应负责赔偿责任。反之，保险人将不负赔偿责任。

### 3. 多因间断发生

多因间断发生，即各原因的发生虽有先后之分，但不存在任何因果关系。此情形近因的判定及保险人承担责任的处理方法与多因同时发生的情形基本相同。

 **小案例**

> 某日，王女士在驾车时突然被一辆中速行驶的轿车轻微碰擦了一下，顿感胸闷头晕。不幸的是，王女士在被送往医院途中因病情加重，最后不治身亡。医院的死亡证明书指出王女士死亡的原因是心肌梗塞。因为之前王女士上了保险，于是其家人拿着保单及死亡证明等材料，向保险公司索赔，但保险公司以导致死亡的事故为非保险事故，不属于意外伤害，因此不予理赔。
>
> 在此案例中，造成王女士死亡的原因有两个，一是王女士与轿车发生的轻微碰擦，另一个是心肌梗塞。关键问题在于，这次事故的近因到底是两者中的哪个呢？
>
> 王女士的轿车发生轻微碰擦是其死亡的前因，心肌梗塞是后因。如果同样的事情发生在正常人身上，是不会导致死亡的，所以王女士死亡的近因不是车辆碰擦，而是心肌梗塞。轻微碰擦是被保风险，心肌梗塞是除外风险，所以保险公司不承担赔付责任。

### （四）损失补偿原则

**损失补偿原则**是指保险事故发生后，保险人在其职责范围内，对被保险人遭受的实际损失进行赔偿的原则。

保险的目的是补偿损失，而不是使被保险人获得额外收入，所以保险人支付的赔款不能超过被保险人所遭受的实际损失。在具体赔偿时，应掌握以下3个限度。

#### 1. 以实际损失为限

保险人赔偿的金额只能是保险标的实际损失的金额。例如，一辆旧车的实际价值为15万元，但其新车购置价为20万元，即使保险金额为20万元，车辆全损时也只能赔偿15万元。

## 2. 以保险金额为限

保险人只在保险合同规定的期限内，以约定的保险金额为限，对合同中约定的危险事故所致损失进行赔偿。如上述案例中，若保险金额为12万元，则车辆全损时只能赔12万元。

## 3. 以保险利益为限

在被保险人的保险利益减少时，应以被保险人实际存在的保险利益为限。例如，张某由于资金短缺，将一辆轿车作为抵押物向银行贷款15万元，而银行又以新车购置价20万元向保险公司投保。在车辆全损时，保险公司只赔15万元，因为银行对汽车的保险利益只有15万元。

上述三者不一致时，以最低者为限。

**注 意**

（1）不要重复投保

有些投保人认为多投几份保，就可以使被保车辆多几份赔偿，其实不然。按照《保险法》第五十六条规定："重复保险的各保险人赔偿保险金的总和不得超过保险价值。"因此，即使投保人重复投保，也不会得到超价值的赔款。

（2）不要超额投保或不足额投保

有些车主，明明车辆价值10万元，却投保了15万元的保险，认为多花钱就能多赔付；而有的车价值20万元，却只投保了10万元。这两种投保都不能得到有效的保障。

依据《保险法》第五十五条规定："保险金额不得超过保险价值。超过保险价值的，超过部分无效，保险人应当退还相应的保险费。保险金额低于保险价值的，除合同另有约定外，保险人按照保险金额与保险价值的比例承担赔偿保险金的责任。"由此可知，超额投保或不足额投保都不能获得额外的利益。

## 四、汽车保险的发展

汽车保险是伴随着汽车的出现和普及而产生和发展的，属于财产保险中一个相对年轻的险种。汽车保险发展于近代，其出现比水险、火险、盗窃险和综合责任险等都要晚，但发展异常迅速，如今已成为国际保险行业的主要业务险种之一。

英国法律事故保险公司于1896年开办了汽车保险业务，成为了全世界汽车保险领域"第一个吃螃蟹的人"。由于市场的迫切需求，该公司在1899年签发了机动车碰撞责任险，主要负责赔付被保险车辆与其他车辆发生碰撞所造成的损失。十多年后，汽车保险逐步在多个国家生根开花，其承保和费率等也开始尝试实行标准化。1950年以后，随着欧、美、日等地区和国家汽车工业的迅速发展，机动车保险也得到了长足发展，成为了各国财产保险中最重要的业务险种。

### 世界上第一份汽车保险

世界上第一份汽车保险出现在1898年的美国纽约，当时给汽车上保险的车主——杜鲁门·马丁最担心的"马路杀手"不是汽车而是马。当时，美国全国只有4 000多辆汽车，而马的数量达到了2 000万匹，马车是当时主要的交通工具。马丁非常担心自己的爱车会被马冲撞，于是到美国的"旅行者保险有限公司"为其上了世界上第一份汽车保险。

在100多年之后，美国有2.2亿辆汽车，而马的数量已经减少到200万匹。一个多世纪前还被视为新鲜事物的汽车保险已经成为再平常不过的事情。

### （一）我国汽车保险的发展

我国汽车保险业的发展经历了一个曲折的过程。

（1）中华人民共和国成立以后，中国人民保险集团股份有限公司（简称中国人民保险公司）于1950年开办了汽车保险业务，但由于宣传不足，其于1955年停止该业务。

（2）1980年，由于公路交通运输业迅速发展，汽车事故日益增多，企业和个人对汽车保险需求日益迫切，中国人民保险公司逐步恢复中断了近25年之久的汽车保险业务。

国人车险进化论

（3）1983年，汽车保险改为机动车辆保险，这使其具有了更广泛的适应性。

（4）1988年，我国汽车保险的保费收入超过了20亿元，占财产保险份额的37.6%，第一次超过了企业财产险（35.99%）。从此以后，汽车保险一直是财产保险的第一大险种，并保持高增长率，我国的汽车保险业务进入了高速发展时期。

如今，虽然我国汽车保险业发展非常迅速，但仍存在着保险品种和费率单一、保险责任不够细化、骗保行为严重、保险理赔人员匮乏等问题。为此，国家采取了一系列措施来促进汽车保险业的健康发展，如鼓励汽车保险业务创新、加强市场监督检查、培养专业车险人员等。

根据自己的了解和调查，举例给出一些经营汽车保险业务的保险公司。

### （二）国外汽车保险的发展

#### 1. 美国——汽车保险发展的成熟地

美国建立了较为完善和发达的汽车保险体系，为各国所效仿。经过多年的研究和实践，美国逐步形成了一套代表国际机动车保险市场先进水平的、较为复杂但科学的费率计算方法。通常情况下，美国的汽车保险分为商用汽车险和个人汽车险两大类。在制订个人汽车险费率时，充分考虑了驾驶员的年龄、性别、驾驶经验、违章记录、是否抽烟、婚姻状况、居住地等情况。

值得一提的是，美国车险行业依靠灵活的车险市场准入、退出机制，相对自由的市场竞争，较为完善的法律法规，已成为全球最发达的车险市场。

### 2. 日本——完善的汽车保险费率体系

汽车保险一直是日本财产保险业的重要支柱。日本自50年代初采取机动车保险浮动费率制度以来，经过几十年的市场改革，该体系已经发展成为一套较为公平合理的费率体系。其核心是将出险次数与投保人应付保险费挂钩，因此，投保人或被保险人可通过减少事故换取相应的经济利益。

此外，因保险产品的特殊公共产品性质，尽管日本已是高度市场化经济，但汽车保险费率的厘定仍然需要受到政府的全程监管，即保险费率的确定需要获得政府相关部门的批准。

### 3. 英国——先进的费率制订技术

英国采取加权多种因素的方式确定保费，真实体现了投保车辆的风险状况。它注重驾驶记录因素，区别对待拥有不同风险因素的投保对象，在一定程度上让消费者体验到费率的公平性。同时，它也有效鞭策被保险人养成遵守交通法规的习惯。如果上年有"违章记录"或"赔偿记录"，第二年在保险公司续保时将无法获得较大的保费折扣。

### 4. 德国——完善的汽车保险等级划分制度

德国保险公司根据不同品牌、不同车型等，将汽车划分为不同等级，等级越低，说明这款车出险概率越低，需要缴纳的保费也越低。

比如POLO，按照德国汽车工业联合会和保险公司的评级，它的保险评级为10级，而与它同级别的车型往往在13级、14级的水平；POLO每年保费约为350欧元，而其他同级别车型则高达700欧元。因此，车辆的保险等级也是德国人在购车时的一个重要参考指标。这种保费计算方式，使得汽车制造商们为了保住市场，不得不想方设法提高产品质量和产品安全系数，以获得一个好的保险等级。

### 5. 法国——汽车保险社会管理功能突出

法国车险市场是一个较为成熟和规范的市场，竞争激烈，产品丰富，市场细分度高。法国汽车保险业的经营区域和范围已经大大超越传统保险，其社会管理功能也愈加突出。

譬如，保险公司为减少酒后驾车事故发生率，允许客户在因饮酒而不能驾车时，可在保险公司报销一次交通费用；在重大节假日，保险公司会适时在大的娱乐场所进行查验，并为因饮酒不能驾车的客户提供交通服务；有的保险公司还在内部设立了汽车修理研究中心，以便为保户提供修车价格指导服务或为汽车修理厂提供技术培训等。

## 案例分析

> 汽车保险是指针对机动车辆由于自然灾害或意外事故所造成的人身伤亡或财产损失负赔偿责任的一种商业保险。作为财产保险的一种，汽车保险属于一个相对年轻的险种，这是由于汽车保险是伴随着汽车的出现和普及而产生和发展的。

我国汽车工业增长迅猛,已成为世界汽车产销大国。相应地,我国汽车保险业也在快速发展壮大,这为我国经济社会发展和人民生活稳定提供了重要保障。此外,随着我国私家车的数量越来越多,汽车逐渐成为城市居民家庭财产的重要组成部分,因此,如何更好地保护自己的财产已经成为各个家庭的重要任务,未来中国将是世界上最大、最有潜力的汽车保险市场。

# 项目情景演练

## 一、情景描述

近期,由于家庭需要,小红购买了一辆价值 20 万元的福特轿车。考虑到要为新车上保险,于是小红到某保险公司进行了投保咨询,保险业务人员小张接待了她。小张热心地帮助小红分析了车辆在使用过程中存在的风险,并告诉她如何识别和控制风险以及购买保险的必要性等。另外,小张告诉小红如果有投保意向,则需要和保险公司签订汽车保险合同,并向其简单介绍了上汽车保险应注意的问题。

## 二、情景模拟

(1) 学生可以 4 人为一组进行上述情景模拟演练,其中两人扮演保险公司工作人员,一人扮演车主小红,一人为记录人员。

(2) 根据本项目所学内容,反复进行演练,不断完善演练效果。

(3) 到汽车保险模拟实训室,依据最终确定的演练方案,进行汇报演出。

## 三、情景分析

(1) 保险公司业务人员帮助客户分析使用汽车时存在的风险,说明投保的必要性。

车辆在使用过程中会面临着各种风险,且这些风险是无法避免的。为了降低风险造成的损失,车主往往采取购买保险的方式,通过支付少量保险费,将潜在的风险转移给保险公司。一旦车辆发生事故,保险公司会根据保险条款的规定进行经济补偿,这样可有效保障车主的利益。

(2) 保险公司业务人员向客户介绍在汽车保险活动中应遵循的原则。

汽车保险的原则包括保险利益原则、最大诚信原则、近因原则、损失补偿原则。投保时或出险时必须严格遵守这些基本原则,如走私车辆不能进行投保、订立合同时互不欺骗和隐瞒、车辆受损赔偿时以实际损失为限等。

## 四、脚本示例

下面是上述情景的脚本示例,仅供参考。

人物角色:车主小红,保险业务人员小张,保险公司前台小李。

基本情景:车主小红来到保险公司进行投保咨询,业务人员了解其情况后,帮助小红分析了驾驶汽车存在的风险以及购买保险的必要性等。

小李：您好，请问有什么可以为您服务的？

小红：您好，我最近新买了一辆轿车，想咨询一下汽车保险的相关事宜。

小李：好的，您在这边稍坐一会儿，我安排一下我们的业务员小张帮您介绍。

小红：好的。

（2 min 后，小张过来开始向小红进行投保事宜的介绍）

小张：您好，我是业务员小张，很高兴为您服务。您是想做汽车投保咨询吗？

小红：是的，因为我最近新买了一辆车，所以想咨询一下。

小张：好的。首先，您应该也知道汽车在使用过程中会存在各种各样的风险，如汽车碰擦、撞车、撞人、被盗等，这些风险往往会使车主遭受重大损失，甚至这种损失是车主难以承受的。相信您也听说或见过不少这样的案件。

小红：嗯，是这样的。

小张：鉴于此，您可以仅仅花费自己的一小部分资金来购买一份汽车保险，把将来可能面临的风险转嫁给保险公司，以减少自己将来可能面临的重大损失。

小红：这样好像很划算啊。

小张：是的，购买汽车保险其实是一种非常有效的安全保障措施。

小红：汽车投保还有什么需要注意的事情吗？

小张：在汽车保险活动中应遵循保险利益原则、最大诚信原则、近因原则和损失补偿原则等。比如，您的车辆必须是合法的，才能投保；您与保险公司签订合同时，双方当事人不能有所欺骗和隐瞒，否则保险合同是无效的；如果您的车出险，保险公司一般以您的实际损失进行赔款。

小红：好的，非常感谢您的介绍。

# 复习思考题

## 一、填空题

1．风险是由_____、_____和_____三者构成的统一体。

2．根据损害对象的不同，风险可分为_____、_____、_____和_____；根据风险性质的不同，风险可分为_____和_____。

3．_____是指导致一切有形财产的损毁、灭失或贬值的风险以及经济或金钱上损失的风险，如_____。

4．风险具有_____、_____、_____、_____和_____等特征。

5．风险的不确定性主要表现在_____、_____和_____。

6．根据保险标的的不同，保险可分为_____、_____、_____和_____。

7．_____又称法定保险，是以国家有关法律、法规为依据而建立保险关系的一种保险，如_____。

8. 一般地说，现代商业保险的要素包括5个方面，即_____、_____、_____、_____和_____。

9. 保险具有_____、_____、_____和_____等作用。

10. _____是指其车辆等财产或者人身受保险合同保障，享有保险赔偿请求权的人。

11. _____是指不赔金额与损失金额的比率。

12. 保险利益的具体构成需满足_____、_____和_____3个条件。

13. 最大诚信原则的内容主要包括_____、_____、_____和_____。

14. 在具体赔偿时，应掌握_____、_____和_____3个限度。

## 二、简答题

1. 什么是风险？风险的三层含义是什么？
2. 简述风险的构成要素及其之间的关系。
3. 风险有哪些基本特征？
4. 什么是保险？保险的四层含义是什么？
5. 保险的种类有哪些？
6. 保险的作用包括哪些方面？
7. 简述风险和保险的关系。
8. 什么是汽车保险？其作用有哪些？
9. 简述汽车保险的原则。

# 项目二　汽车保险险种

## 项目导读

近年来，随着国内私家车越来越多，交通事故频繁发生，汽车保险的赔付额也不断上升，汽车保险更呈水涨船高之势。为车辆上保险是每一个车主都必须面对的问题，尤其是对许多新车主来说，种类繁多的险种更是令他们一头雾水。由于汽车保险公司及其经营险种众多、条款复杂，被保险人较难了解详情内幕，难以科学合理地购买汽车保险。

本项目重点介绍了各类汽车保险险种的概念、承担的责任、免赔情况及赔偿处理等基本知识，旨在让学生掌握各类汽车保险险种，从而为后续汽车承保和理赔实务的学习奠定基础。

## 知识目标

- 了解汽车保险的产品结构。
- 掌握交强险的定义、保险责任、垫付与追偿及责任免除范围等。
- 掌握车损险的定义、赔偿范围和责任免除范围等。
- 掌握第三者责任险和车上人员责任险的定义、赔偿范围和责任免除范围，并能进行简单赔偿金额的计算。
- 掌握各类机动车附加险的赔偿范围和责任免除范围。

## 技能目标

- 能够熟练运用本项目所学汽车保险知识正确分析相关案例。
- 能够进行汽车保险情景模拟演练。
- 培养学生的汽车保险意识，增强学生的实践技能，提升学生的职业素养。

# 任务一　认识汽车保险险种

## 案例导入

> 孙小姐在购车时，听了4S店一个业务员的建议给自己的车投了"全险"，即交强险、车损险、第三者责任险和车上人员责任险等。孙小姐心想以后再也不用担心交通事故带来的损失了。谁知有一天自己的爱车车身被人划了一道痕，孙小姐在向保险公司索赔时却遭到了拒绝。
>
> 请思考：为什么孙小姐投了"全险"，而保险公司却拒绝赔偿呢？

## 相关知识

### 一、汽车保险产品结构

根据我国目前的汽车保险政策，汽车保险产品分为**机动车交通事故责任强制保险**（以下简称**交强险**）和**机动车商业保险**两大类。两者都是由商业保险公司经营的，但前者是强制保险，后者是建立在保险人和被保险人双方自愿原则上的险种。

2006年，伴随着交强险的出台，中国保险行业协会出台了三款相应的机动车商业保险条款，即A条款、B条款及C条款。三项条款在后期实施的过程中陆续进行了修改、完善。

为了更好地维护保险消费者的合法权益，切实提升车险承保、理赔工作质量，突出解决理赔过程中服务不到位的问题，促进保险业的持续健康发展，2012年3月15日，《中国保险行业协会机动车商业保险示范条款（2012版）》正式发布。2015年3月20日，《中国保险行业协会机动车商业保险示范条款（2014版）》正式发布，与2012版相比，删除了免赔率中对投保约定行驶区域和绝对免赔额的规定。

为了全面贯彻落实《关于实施车险综合改革的指导意见》，深化车险市场的供给侧结构性改革，保护消费者合法权益，在银保监会的指导下，中国保险行业协会组织行业力量对《中国保险行业协会机动车商业保险示范条款（2014版）》进行了修订和完善，在征求多方意见的基础上，形成了《中国保险行业协会机动车商业保险示范条款（2020版）》（以下简称《商业车险示范条款（2020版）》）。各家保险公司可以据此拟订本公司的商业车险条款。

解读汽车保险条款

《商业车险示范条款（2020版）》将机动车商业保险分为**主险**和**附加险**，前者包含3个独立险种，后者包含11个附加险种，如表2-1所示。投保人可以选择投保全部险种，也可以选择投保其中部分险种。保险人按照承保的险种承担相应的保险责任。

表 2-1　机动车商业保险

| 保险类别 | 3 个独立险种 | 保险类别 | 11 个附加险种 |
| --- | --- | --- | --- |
| 主险 | 机动车损失保险（简称车损险）<br>机动车第三者责任保险（简称第三者责任险）<br>机动车车上人员责任保险（简称车上人员责任险） | 附加险 | 附加绝对免赔率特约条款<br>附加车轮单独损失险<br>附加新增加设备损失险<br>附加车身划痕损失险<br>附加修理期间费用补偿险<br>附加发动机进水损坏除外特约条款<br>附加车上货物责任险<br>附加精神损害抚慰金责任险<br>附加法定节假日限额翻倍险<br>附加医保外医疗费用责任险<br>附加机动车增值服务特约条款 |

我国汽车保险产品结构如图 2-1 所示。

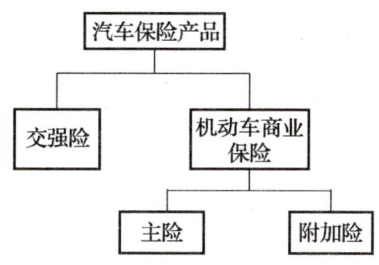

图 2-1　汽车保险产品结构

提　示

（1）附加险条款的法律效力优于主险条款。若附加险条款与主险条款存在相抵触之处，则以附加险条款为准。

（2）若附加险条款存在未尽之处，则以主险条款为准。除附加险条款另有约定外，主险中的责任免除、免赔规则、双方义务同样适用于附加险。

（3）在汽车保险中，并没有"全险"这个词，它只是对购买的险种比较多、保障比较全面的车险的俗称。所谓的"全险"，通常情况下包括车险中的交强险以及商业险的主险和某种附加险组合。因此，汽车新车全险投保即是指投保交强险、车损险、第三者责任险、车上人员责任险以及根据车辆需要所搭配的附加险，各公司承保的险种稍有不同。

## 二、特殊说明

（1）**被保险机动车**：在中华人民共和国境内（不含港、澳、台地区）行驶，以动力装置驱动或者牵引，上道路行驶的供人员乘用或者用于运送物品以及进行专项作业的轮式车辆（含挂车）、履带式车辆和其他运载工具，但不包括摩托车、拖拉机和特种车。

（2）**交保险费**：除另有约定以外，投保人应在保险合同成立时一次性交清保险费。未交清保险费前，该保险合同不生效。

（3）**保险期间**：除另有约定以外，所有险种的保险期间均为一年，以保险单载明的起讫时间为准，生效时间一般为投保后的次日零时，而不是以缴纳保费的时间开始。也就是说，从购买车险到最终车险生效一般都有一段时间的"盲区"，在此段时间内保险人是不承担赔偿责任的。

《保险法》第十三条规定："投保人和保险人可以对合同的效力约定附条件或者附期限。"也就是说，投保人可以要求保险合同在投保时即时生效。在投保交强险时，保险公司经办人有义务向投保人明确说明期限。

 小案例

**案情简介**：2018年5月末，赤峰市敖汉旗居民王某购买了一辆家用轿车，当日上午11点王某投保了交强险，并交清保险费。王某在保险公司拿到保单后去车管所上牌照的途中，不慎刮倒了一过路行人。经敖汉旗交警大队认定，车主王某承担主要责任。王某在赔偿后去投保的保险公司要求理赔，被保险公司拒绝，理由是交强险合同还未生效。

**案例分析**：车主投保交强险后，一般情况下，保险单都会载明生效时间为次日零时。因此，王某在购买交强险时至次日零时之间，变成了保险的空档，即虽然王某缴纳了保费，保险单也不会马上生效，这段时间的风险由王某承担。

## 案例分析

孙小姐投了"全险"而保险公司却拒绝赔偿。因为孙小姐的所谓"全险"包括交强险、车损险、第三者责任险和车上人员责任险等，并没有附加车身划痕损失险这一项，所以保险公司是不予理赔的。

项目二　汽车保险险种

# 任务二　交强险

## 案例导入

> 2015年4月，曾某购买了一辆奥拓轿车，并投保了交强险。同年5月，曾某在路口等红灯时被一辆宝马轿车追尾，奥拓轿车后保险扛被撞坏，宝马轿车的前保险杠也出现损坏。交警认为宝马车主负全责。奥拓轿车维修费为150元，宝马轿车维修费为3 200元。最后，曾某方保险公司赔偿了宝马车主100元，而宝马车主方保险公司赔给曾某150元。
> 
> 请思考：
> 1. 交强险必须要购买吗？是赔给自己还是赔给对方的？
> 2. 交强险是按何种方式进行赔付的？

## 相关知识

为解决道路交通事故的损害赔偿问题，国际上普遍建立了机动车强制责任保险制度。我国在2004年5月1日开始实施的《中华人民共和国道路交通安全法》中首次提出"建立机动车第三者责任强制保险制度，设立道路交通事故社会救助基金"，并规定了强制保险的赔偿范围和原则。

2006年3月，国务院颁布了《机动车交通事故责任强制保险条例》（以下简称《交强险条例》），正式确立交强险制度，并于当年7月1日起施行。在此之后，《交强险条例》进行了多次修订。2020年9月17日，中国保险行业协会在对《机动车交通事故责任强制保险条款》（以下简称《交强险条款》）修订后进行了印发。

## 一、交强险概述

### （一）交强险的定义

**机动车交通事故责任强制保险**简称**交强险**，是指由保险公司对被保险机动车发生道路交通事故造成本车人员、被保险人以外的人身伤亡、财产损失，在责任限额内予以赔偿的强制性责任保险。

关于交强险需注意以下几点。

- ❖ 交强险的保障对象是被保险机动车致害的交通事故受害人，但不包括本车人员和被保险人。
- ❖ 交强险的保障内容是受害人的人身伤亡和财产损失。
- ❖ 交强险实质上是一种以第三者为保障对象的强制性责任保险。

## （二）交强险的特点

### 1. 强制性

交强险是中国首个由国家法律规定实行的强制保险制度，汽车拥有者必须购买交强险，否则属于违法行为。如果没有购买交强险、未随车携带交强险标志（见图2-2），按《中华人民共和国道路交通安全法》（以下简称《交通法》）规定，车辆是不能上路行驶的。

图 2-2　强制保险标志

交强险的强制性主要表现在以下两方面。

（1）保险公司法定承保义务。

（2）机动车所有人法定投保义务。

 资料卡

> 《交强险条例》第十条规定："投保人在投保时应当选择具备从事机动车交通事故责任强制保险业务资格的保险公司，被选择的保险公司不得拒绝或者拖延承保。国务院保险监督管理机构应当将具备从事机动车交通事故责任强制保险业务资格的保险公司向社会公示。"
>
> 《交强险条例》第三十八条规定："机动车所有人、管理人未按照规定投保机动车交通事故责任强制保险的，由公安机关交通管理部门扣留机动车，通知机动车所有人、管理人依照规定投保，处依照规定投保最低责任限额应缴纳的保险费的2倍罚款。"

### 2. 广泛覆盖性

交强险的广泛覆盖性表现在以下两个方面。

（1）投保主体的广泛性。凡是在道路上行驶的机动车所有人或管理人，都要投保交强险。

（2）受益人和保险赔偿范围的广泛性。除被保险机动车本车人员、被保险人以外的交通事故受害人，都是受益人。交强险的赔偿范围包括所有的人身伤亡和财产损失，几乎涵盖了道路交通的所有风险。

### 3. 社会公益性

交强险设立的目的是保障交通事故受害人得到及时、有效的赔偿。保险公司经营交强险是不以盈利为目的的，在保费与赔付之间总体保本微利，突出"以人为本"，坚持社会公益性。

**案情简介**：上海的黄先生是一个大忙人，经常忙到顾不上吃饭，正因为如此，黄先生错过了交强险的续保期限。黄先生在不知情的情况下，直接开着交强险过期的车上路了，恰巧碰到交警检查。交警发现黄先生的交强险已经过期了，但鉴于黄先生认错态度诚恳，给予了他2倍交强险罚款处罚。

**案例分析**：黄先生的交强险过期，按《交通法》规定，车辆是不能上路的。交警根据《交强险条例》第三十八条规定，对黄先生处以2倍交强险罚款处罚，是合法、合理的。

## 二、交强险条款

### （一）保险责任

在中华人民共和国境内（不含港、澳、台地区），被保险人在使用被保险机动车辆过程中发生交通事故，造成受害人遭受人身伤亡或财产损失，依法应当由被保险人承担的损害赔偿责任，保险人根据交强险合同中的约定对每次事故在赔偿限额内负责赔偿。根据被保险人在事故中是否有责任，保险人在不同的赔偿限额内赔偿，如表2-2所示。

表2-2 交强险责任限额

| 被保险人在事故中是否有责任 | 赔偿类别 | 赔偿限额 |
| :---: | :---: | :---: |
| 有责任 | 死亡伤残 | 180 000元 |
|  | 医疗费用 | 18 000元 |
|  | 财产损失 | 2 000元 |
| 无责任 | 死亡伤残 | 18 000元 |
|  | 医疗费用 | 1 800元 |
|  | 财产损失 | 100元 |

死亡伤残赔偿限额和无责任死亡伤残赔偿限额项，以及医疗费用赔偿限额和无责任医疗费用赔偿限额项，具体如表2-3所示。

表2-3 交强险的赔偿限额项

| 死亡伤残赔偿限额和无责任死亡伤残赔偿限额项 | 丧葬费、死亡补偿费、受害人亲属办理丧葬事宜支出的交通费用、残疾赔偿金、残疾辅助器具费、护理费、康复费、交通费、被扶养人生活费、住宿费、误工费、被保险人依照法院判决或者调解承担的精神损害抚慰金 | 医疗费用赔偿限额和无责任医疗费用赔偿限额 | 医药费、诊疗费、住院费、住院伙食补助费，必要的、合理的后续治疗费、整容费、营养费 |
| :---: | :--- | :---: | :--- |

## 课堂讨论

甲车与乙车相撞，两车的维修费分别为3 000元和1 000元。两车均只购买了交强险。试讨论以下两个问题。

**问题1**：如果乙负全责，甲乙是否均能获得赔款？如果能，各获赔款多少？

**问题2**：如果甲负30%的责任，乙负70%的责任，双方如何获得赔偿？

### （二）垫付与追偿

被保险机动车在下列（1）～（4）之一的情形下发生交通事故，造成受害人受伤需要抢救的，保险人在接到公安机关交通管理部门的书面通知和医疗机构出具的抢救费用清单后，按照国务院卫生管理部门组织制定的交通事故人员创伤临床诊疗指南和国家基本医疗保险标准进行核实。对于符合规定的抢救费用，保险人在医疗费用赔偿限额内垫付。被保险人在交通事故中无责任的，保险人在无责任医疗费用赔偿限额内垫付。对于其他损失和费用，保险人不负责垫付和赔偿。

（1）被保险机动车驾驶人（以下简称驾驶人）未取得驾驶资格的。

（2）驾驶人醉酒的。

（3）被保险机动车被盗抢期间肇事的。

（4）被保险人故意制造交通事故的。

对于垫付的抢救费用，保险人有权向致害人追偿。

### （三）责任免除

下列损失和费用，交强险不负责赔偿和垫付。

（1）因受害人故意造成的交通事故的损失。

（2）被保险人所有的财产及被保险机动车上的财产损失。

（3）被保险机动车发生交通事故，致使受害人停业、停驶、停电、停水、停气、停产、通信或者网络中断、数据丢失、电压变化等造成的损失以及受害人财产因市场价格变动造成的贬值、修理后因价值降低造成的损失等其他各种间接损失。

（4）因交通事故产生的仲裁或者诉讼费用以及其他相关费用。

### （四）赔偿处理

（1）被保险机动车发生交通事故的，由被保险人向保险人申请赔偿保险金。被保险人索赔时，应当向保险人提供以下材料。

① 交强险的保险单。

② 被保险人出具的索赔申请书。

③ 被保险人和受害人的有效身份证明、被保险机动车行驶证和驾驶人的驾驶证，如图2-3所示。

项目二 汽车保险险种

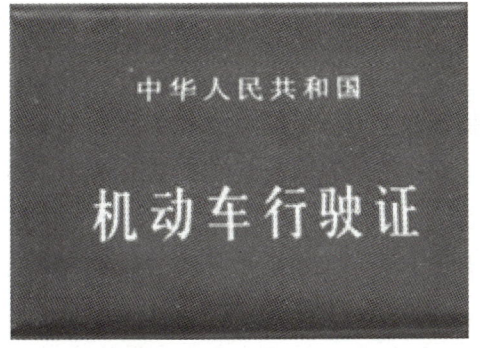 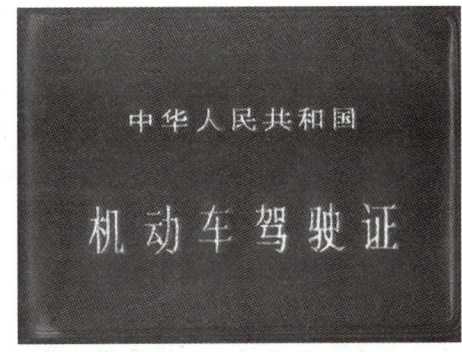

图 2-3 机动车行驶证和驾驶证

④ 公安机关交通管理部门出具的事故证明，或者人民法院等机构出具的有关法律文书及其他证明。

⑤ 被保险人根据有关法律法规规定选择自行协商方式处理交通事故的，应当提供依照《交通事故处理程序规定》记录交通事故情况的协议书。

⑥ 受害人财产损失程度证明、人身伤残程度证明、相关医疗证明以及有关损失清单和费用单据。

⑦ 其他与确认保险事故的性质、原因、损失程度等有关的证明和资料。

（2）保险事故发生后，保险人按照一定规定和标准在交强险责任限额内核定人身伤亡的赔偿金额。因抢救受害人需要保险人支付抢救费用的，保险人对于符合规定的在赔偿限额内支付。

 注 意

> 如果出现以下情况，保险人在交强险责任限额内有权重新核定。
> （1）因保险事故造成受害人人身伤亡的，未经保险人书面同意，被保险人自行承诺或支付的赔偿金额。
> （2）因保险事故使受害人财产需要修理的，被保险人未在修理前会同保险人检验，协商确定修理或更换项目、方式和费用。

### （五）合同变更与终止

（1）在交强险合同有效期内，被保险机动车所有权发生转移的，投保人应当及时通知保险人，并办理交强险合同变更手续。

（2）在下列三种情况下，投保人可以要求解除交强险合同。

① 被保险机动车被依法注销登记的。

② 被保险机动车办理停驶的。

③ 被保险机动车经公安机关证实丢失的。

交强险合同解除后，投保人应当及时将保险单、保险标志交还保险人；无法交回保险标志的，应当向保险人说明情况，征得保险人同意。

（3）发生《交强险条例》所列明的投保人、保险人解除交强险合同的情况时，保险人按照日费率收取自保险责任开始之日起至合同解除之日止期间的保险费。

## 案例分析

> 交强险是国家强制的，必须进行购买，否则车辆不能上路。交强险设立的目的是保障交通事故受害人得到及时、有效的赔偿，所以交强险是赔给对方的。为加强对受害人利益的保护，交强险规定机动车肇事后，即使自己方无责也要赔偿对方一定损失，以无责任限额为赔偿限度。
>
> 现行交强险规定，在事故中有责任方在财产损失责任限额2 000元内赔偿对方车辆损失，无责任方在财产损失责任限额100元内赔偿对方车辆损失。该案中，曾某的车辆被追尾，无任何责任，所以保险公司只需在无责任财产损失赔偿限额内赔偿对方100元，而宝马车主方保险公司则需赔偿曾某150元。

## 任务三　车损险

## 案例导入

> 新手刘某购买了一辆家用轿车，并投保了交强险和第三者责任险。某日，刘某在驾车过程中由于刹车不及时，在十字路口狠狠地撞上了其他车主的车辆，双方均无人员伤亡，但车辆受损。交警判定刘某在事故中负全责。刘某想到之前买了保险，于是与保险公司联系要求索赔，保险公司只赔偿了交强险责任事故限额内的损失，这远远不够刘某所需承担的损失。
>
> 请思考：
> 1. 刘某为什么只得到了保险公司的部分赔偿？
> 2. 如果刘某想得到更好的保障，还需要投保哪些险种？

## 相关知识

### 一、车损险概述

#### （一）车损险的定义

**机动车损失保险**简称**车损险**，是指保险人对于被保险人承保的机动车在保险责任范围内的事故所致的毁损、灭失予以赔偿的保险。车损险的保险标的是机动车的车身及其各种零部件、设备等。

车损险是汽车保险中非常重要的险种。最初，由于涉及被保险机动车的意外事故很多，各国为扩大对被保险人的保

障，一般提供较综合的保险责任，涵盖碰撞损失危险和非碰撞损失危险。后来，各国将损失率很高的危险事故，从综合的保险责任中剔除，单独开发成独立险种，即车损险。

## （二）车损险的分类

根据车辆的使用性质，车损险可分为家庭自用汽车损失保险、非营业用汽车损失保险和营业用汽车损失保险。

（1）家庭自用汽车是指在中华人民共和国境内（不含港、澳、台地区）行驶的家庭或个人所有，且用途为非营业性运输，核定座位在9座以下的客车，如图2-4所示。

（2）非营业用汽车是指在中华人民共和国境内（不含港、澳、台地区）行驶的党政机关、企事业单位、社会团体、使领馆等机构从事商务或生产经营活动中不以直接或间接方式收取运费或租金的自用汽车，包括客车、货车、客货两用车，如图2-5所示。

图2-4　家庭自用汽车

图2-5　党政机关公务车

（3）营业用汽车是指在中华人民共和国境内（不含港、澳、台地区）行驶的用于客货运输或租赁，并以直接或间接方式收取运费或租金的汽车，如图2-6所示。

图2-6　运输货车

本任务主要针对家庭自用汽车损失保险加以阐述。

## 二、车损险条款

### （一）保险责任

（1）保险期间内，被保险人或驾驶人在使用被保险机动车过程中，因自然灾害、意外事故造成被保险机动车直接损失（见图2-7），且不属于免除保险人责任的范围，保险人依照保险合同的约定负责赔偿。

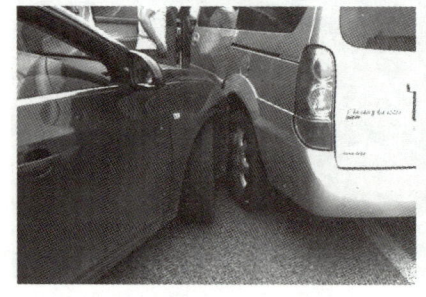

图2-7　被保险机动车受损

（2）保险期间内，被保险机动车被盗窃、抢劫、抢夺，经出险地县级以上公安刑侦部门立案证明，满60天未查明下落的全车损失，以及因被盗窃、抢劫、抢夺受到损坏造成的直接损失，且不属于免除保险人责任的范围，保险人依照本保险合同的约定负责赔偿。

（3）发生保险事故时，被保险人为防止或者减少被保险机动车的损失所支付的必要的、合理的施救费用，由保险人承担。例如，被保险机动车出险后，失去正常行驶能力而雇用吊车或拖车等进行抢救的费用；被保险机动车发生火灾时使用他人非专业消防单位的消防设备的合理费用；在抢救过程中，因抢救而损坏的他人财产，应由被保险人赔偿的费用等，如图2-8所示。

 注 意

施救费用数额在被保险机动车损失赔偿金额以外另行计算，最高不超过保险金额。

图 2-8　被保险机动车的施救现场

## （二）责任免除

（1）在上述保险责任范围内，下列情况下，不论任何原因造成被保险机动车的任何损失和费用，保险人均不负责赔偿。

① 事故发生后，被保险人或驾驶人故意破坏、伪造现场，毁灭证据。

② 驾驶人有下列情形之一者。

a．交通肇事逃逸。

b．饮酒、吸食或注射毒品、服用国家管制的精神药品或者麻醉药品。

c．无驾驶证，驾驶证被依法扣留、暂扣、吊销、注销期间。

d．驾驶与驾驶证载明的准驾车型不相符合的机动车。

③ 被保险机动车有下列情形之一者。

a．发生保险事故时，被保险机动车行驶证、号牌被注销。

b．被扣留、收缴、没收期间。

c．在竞赛、测试期间，在营业性场所维修、保养、改装期间。

d．被保险人或驾驶人故意或重大过失，导致被保险机动车被利用从事犯罪行为。

（2）下列原因导致的被保险机动车的损失和费用，保险人不负责赔偿。

车损险的保险责任和责任免除

① 战争、军事冲突、恐怖活动、暴乱、污染（含放射性污染）、核反应、核辐射。
② 违反安全装载规定。
③ 被保险机动车被转让、改装、加装或改变使用性质等，导致被保险机动车危险程度显著增加，且未及时通知保险人，因危险程度显著增加而发生保险事故的。
④ 投保人、被保险人或驾驶人故意制造保险事故。

（3）下列损失和费用，保险人不负责赔偿。
① 因市场价格变动造成的贬值、修理后因价值降低引起的减值损失。
② 自然磨损、朽蚀、腐蚀、故障、本身质量缺陷。
③ 投保人、被保险人或驾驶人知道保险事故发生后，故意或者因重大过失未及时通知，致使保险事故的性质、原因、损失程度等难以确定的，保险人对无法确定的部分，不承担赔偿责任，但保险人通过其他途径已知道或者应当及时知道保险事故发生的除外。
④ 因被保险人违反条款"因保险事故损坏的被保险机动车，修理前被保险人应当会同保险人检验，协商确定维修机构、修理项目、方式和费用。无法协商确定的，双方委托共同认可的有资质的第三方进行评估"的约定，导致无法确定的损失。
⑤ 车轮单独损失，无明显碰撞痕迹的车身划痕，以及新增加设备的损失。
⑥ 非全车盗抢、仅车上零部件或附属设备被盗窃。

### （三）免赔额

对于投保人与保险人在投保时协商确定绝对免赔额的，保险人在依据保险合同约定计算赔款的基础上，增加每次事故绝对免赔额。

### （四）保险金额

保险金额按投保时被保险机动车的实际价值确定。投保时被保险机动车的实际价值由投保人与保险人根据投保时的新车购置价减去折旧金额后的价格协商确定，或通过其他市场公允价值协商确定。

折旧金额根据保险合同列明的参考折旧系数表计算，如表2-4所示。

表2-4 参考折旧系数表

| 车辆种类 | 月折旧系数 | | | |
| --- | --- | --- | --- | --- |
| | 家庭自用 | 非营业 | 营业 | |
| | | | 出租 | 其他 |
| 9座以下客车 | 0.60% | 0.60% | 1.10% | 0.90% |
| 10座以上客车 | 0.90% | 0.90% | 1.10% | 0.90% |
| 微型载货汽车 | — | 0.90% | 1.10% | 1.10% |
| 带拖挂的载货汽车 | — | 0.90% | 1.10% | 1.10% |
| 低速货车和三轮汽车 | — | 1.10% | 1.40% | 1.40% |
| 其他车辆 | — | 0.90% | 1.10% | 0.90% |

注：折旧按月计算，不足一个月的部分，不计折旧。最高折旧金额不超过投保时被保险机动车新车购置价的80%。

折旧金额＝新车购置价×被保险机动车已使用月数×月折旧系数。

## （五）赔偿处理

（1）发生保险事故后，保险人依据条款约定在保险责任范围内承担赔偿责任。赔偿方式由保险人与被保险人协商确定。

（2）因保险事故损坏的被保险机动车，修理前被保险人应当会同保险人检验，协商确定维修机构、修理项目、方式和费用。无法协商确定的，双方委托共同认可的有资质的第三方进行评估。

（3）被保险机动车遭受损失后的残余部分由保险人、被保险人协商处理。如折归被保险人的，由双方协商确定其价值并在赔款中扣除。

（4）因第三方对被保险机动车的损害而造成保险事故，被保险人向第三方索赔的，保险人应积极协助；被保险人也可以直接向保险人索赔，保险人在保险金额内先行赔付被保险人，并在赔偿金额内代位行使被保险人对第三方请求赔偿的权利。

被保险人已经从第三方取得损害赔偿的，保险人进行赔偿时，相应扣减被保险人从第三方已取得的赔偿金额。

保险人未赔偿之前，被保险人放弃对第三方请求赔偿的权利的，保险人不承担赔偿责任。

被保险人故意或者因重大过失致使保险人不能行使代位请求赔偿权利的，保险人可以扣减或者要求返还相应的赔款。

保险人向被保险人先行赔付的，保险人向第三方行使代位请求赔偿权利时，被保险人应当向保险人提供必要的文件和所知道的有关情况。

（5）机动车损失赔款按以下方法计算。

① 全部损失。

$$赔款 = 保险金额 - 被保险人已从第三方获得的赔偿金额 - 绝对免赔额$$

② 部分损失。

被保险机动车发生部分损失，保险人按实际修复费用在保险金额内计算赔偿。

$$赔款 = 实际修复费用 - 被保险人已从第三方获得的赔偿金额 - 绝对免赔额$$

③ 施救费。

若施救的财产含保险合同之外的财产，保险人应按保险合同保险财产的实际价值占总施救财产的实际价值比例分摊施救费用。

（6）被保险机动车发生保险事故，导致全部损失，或一次赔款金额与免赔金额之和（不含施救费）达到保险金额，保险人按保险合同约定支付赔款后，保险责任终止，保险人不退还车损险及其附加险的保险费。

## 案例分析

> 本案中，刘某只投保了交强险和第三者责任险，因在此次交通事故中无人员伤亡，只是车辆受损，所以保险公司只需在交强险责任限额内赔偿车辆维修费即可，故刘某只得到了保险公司部分赔偿。如果刘某想得到更好的保障，可投保车损险。

## 任务四　第三者责任险

### 案例导入

> 某日，冯先生驾驶一辆货车沿金开大道行驶至金竹苑时，车辆出现了故障。于是，冯先生将车停在路边修理，但因其未采取必要的安全措施，车辆出现滑行并撞伤了冯先生的左腿。由于伤情严重，冯先生被截肢。
>
> 冯先生以该车投保了交强险和第三者责任险为由向保险公司索赔，但遭到拒绝。于是，冯先生将保险公司告到了法院，索赔保险金额62万余元。法院最终做出判决，保险公司仅赔偿交强险12万元。
>
> 请思考：为何冯先生购买了第三者责任险却得不到赔偿？

### 相关知识

### 一、第三者责任险概述

**机动车第三者责任保险**简称**第三者责任险**，是指被保险人或驾驶人在使用被保险车辆过程中发生意外事故，致使第三者遭受人身伤亡或财产直接损毁，依法应当由被保险人支付的赔偿金额，由保险人依照保险合同的规定给予赔偿的保险。

**提 示**

第一者：保险人。

第二者：被保险人或者使用保险车辆的人。

第三者：因被保险机动车发生意外事故遭受人身伤亡或者财产损失的人，但不包括投保人、被保险人和保险事故发生时被保险机动车本车上的人员。

### 二、第三者责任险条款

#### （一）保险责任

（1）保险期间内，被保险人或驾驶人在使用被保险机动车过程中发生意外事故，致使第三者遭受人身伤亡或者财产直接损毁，依法应当对第三者承担的损害赔偿责任，保险人依照保险合同的约定，对于超过交强险赔偿限额的部分负责赔偿。

（2）保险人依据被保险机动车一方在事故中所负的事故责任比例，承担相应的赔偿责任。若未确定事故责任比例的，按照被保险机动车一方所负事故责任确定比例，如表2-5所示。

表2-5　第三者责任险事故责任比例

| 被保险机动车一方 | 事故责任比例 |
| --- | --- |
| 负主要事故责任 | 70% |
| 负同等事故责任 | 50% |
| 负次要事故责任 | 30% |

注意

涉及司法或仲裁程序的，事故责任比例以法院或仲裁机构最终生效的法律文书为准。

（二）责任免除

（1）在上述保险责任范围内，下列情况下，不论任何原因造成的人身伤亡、财产损失和费用，保险人均不负责赔偿。

① 事故发生后，被保险人或驾驶人故意破坏、伪造现场、毁灭证据。

② 驾驶人有下列情形之一者。

a．交通肇事逃逸。

b．饮酒、吸食或注射毒品、服用国家管制的精神药品或者麻醉药品。

c．无驾驶证，驾驶证被依法扣留、暂扣、吊销、注销期间。

d．驾驶与驾驶证载明的准驾车型（见图2-9）不相符合的机动车。

e．非被保险人允许的驾驶人。

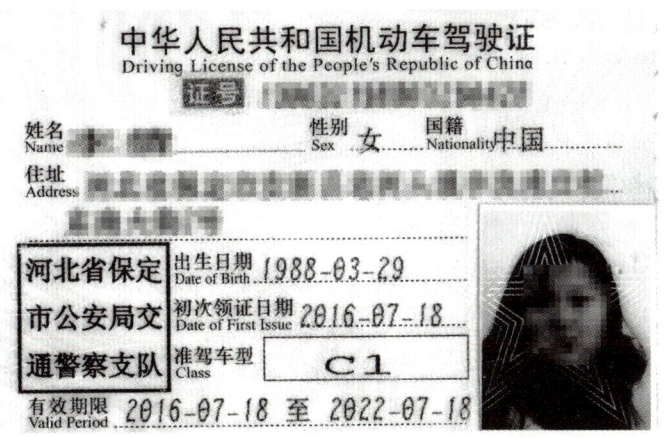

图2-9　驾驶证准驾车型

③ 被保险机动车有下列情形之一者。

a. 发生保险事故时被保险机动车行驶证、号牌被注销的。
b. 被扣押、收缴、没收期间。
c. 在竞赛、测试期间，在营业性场所维修、保养、改装期间。
d. 全车被盗窃、被抢劫、被抢夺、下落不明期间。

### 小案例

**案情简介：** 孙先生陪客户吃完饭后，自己驾车被马先生的车追尾，造成两车各1万元的损失。按照常规应是追尾方全责，但交警部门调查认定孙先生是饮酒驾车，需负全部责任。孙先生先前投保了交强险及第三者责任险。事发后，他立即向保险公司报案并要求赔偿，但保险公司拒赔。

**案例分析：** 第三者责任险规定，驾驶人饮酒、吸食或注射毒品后使用被保险机动车的，保险人不负责赔偿。因此，保险公司可以拒绝赔偿。

（2）下列原因导致的人身伤亡、财产损失和费用，保险人不负责赔偿。

① 战争、军事冲突、恐怖活动、暴乱、污染（含放射性污染）、核反应、核辐射，如图2-10所示。

图2-10　恐怖活动导致汽车受损

② 第三者、被保险人或驾驶人故意制造保险事故、犯罪行为，第三者与被保险人或其他致害人恶意串通的行为。

③ 被保险机动车被转让、改装、加装或改变使用性质等，导致被保险机动车危险程度显著增加，且未及时通知保险人，因危险程度显著增加而发生保险事故的。

（3）下列人身伤亡、财产损失和费用，保险人不负责赔偿。

① 被保险机动车发生意外事故，致使任何单位或个人停业、停驶、停电、停水、停气、停产、通信或网络中断、电压变化、数据丢失造成的损失以及其他各种间接损失。

② 第三者财产因市场价格变动造成的贬值，修理后因价值降低引起的减值损失。

③ 被保险人及其家庭成员、被保险人允许的驾驶人及其家庭成员所有、承租、使用、管理、运输或代管的财产损失，以及本车上的财产损失。

④ 被保险人、驾驶人、本车车上人员的人身伤亡。

⑤ 停车费、保管费、扣车费、罚款、罚金或惩罚性赔款。

⑥ 超出《道路交通事故受伤人员临床诊疗指南》和国家基本医疗保险同类医疗费用标准的费用部分。

⑦ 律师费，未经保险人事先书面同意的诉讼费、仲裁费。

⑧ 投保人、被保险人或驾驶人知道保险事故发生后，故意或者因重大过失未及时通知，致使保险事故的性质、原因、损失程度等难以确定的，保险人对无法确定的部分，不承担赔偿责任，但保险人通过其他途径已经知道或者应当及时知道保险事故发生的除外。

⑨ 因被保险人违反条款"发生保险事故后，保险人依据本条款约定在保险责任范围内承担赔偿责任。赔偿方式由保险人与被保险人协商确定。因保险事故损坏的第三者财产，修理前被保险人应当会同保险人检验，协商确定维修机构、修理项目、方式和费用。无法协商确定的，双方委托共同认可的有资质的第三方进行评估"的约定，导致无法确定的损失。

⑩ 精神损害抚慰金。

⑪ 应当由交强险赔偿的损失和费用。

### 小案例

**案情简介**：车主王先生下班后驾车回家，在小区楼下撞倒了自己的母亲，造成其右腿骨折，当即送往了医院。事发后，王先生先行垫付了母亲的医药费。但他想自己之前已经投保了第三者责任险，应该能得到相应赔偿。于是王先生到保险公司索赔，结果却遭到拒绝。

**案例分析**：王先生开车撞伤自己的家人，这在第三者责任险条款中属于免责范围，因此保险公司不予赔偿。

### （三）责任限额

（1）每次事故的责任限额，由投保人和保险人在签订保险合同时协商确定。责任限额一般有5万元、10万元、15万元、20万元、30万元、50万元、100万元等档次。

（2）主车和挂车连接使用时视为一体，发生保险事故时，由主车保险人和挂车保险人按照保险单上载明的第三者责任险责任限额的比例，在各自责任限额内承担赔偿责任。

### （四）赔偿处理

（1）保险人对被保险人或其允许的驾驶人给第三者造成的损害，可以直接向第三者赔偿。

被保险人或其允许的驾驶人给第三者造成损害，对第三者应负的赔偿责任确定的，根据被保险人的请求，保险人应当直接向该第三者赔偿。被保险人怠于请求的，第三者就其应获赔偿部分直接向保险人请求赔偿的，保险人可以直接向该第三者赔偿。

### 提 示

被保险人或其允许的驾驶人给第三者造成损害，未向该第三者赔偿的，保险人不得向被保险人赔偿。

（2）发生保险事故后，保险人依据本条款约定在保险责任范围内承担赔偿责任。赔偿方式由保险人与被保险人协商确定。

因保险事故损坏的第三者财产，修理前被保险人应当会同保险人检验，协商确定维修机构、修理项目、方式和费用。无法协商确定的，双方委托共同认可的有资质的第三者进行评估。

（3）赔款计算。

① 当（依合同约定核定的第三者损失金额－交强险的分项赔偿限额）×事故责任比例等于或高于每次事故责任限额时：

赔款＝每次事故责任限额

② 当（依合同约定核定的第三者损失金额－交强险的分项赔偿限额）×事故责任比例低于每次事故责任限额时：

赔款＝（依合同约定核定的第三者损失金额－交强险的分项赔偿限额）×事故责任比例

（4）保险人按照《道路交通事故受伤人员临床诊疗指南》和国家基本医疗保险的同类医疗费用标准核定医疗费用的赔偿金额。

未经保险人书面同意，被保险人自行承诺或支付的赔偿金额，保险人有权重新核定。不属于保险人赔偿范围或超出保险人应赔偿金额的，保险人不承担赔偿责任。

 视野拓展

### 交强险与第三者责任险的异同点

交强险和第三者责任险都是保障道路交通事故中第三方受害人获得及时、有效赔偿的险种，且后者是对前者的一种补充。当发生交通事故时，对方的人身伤亡、财产损失，都是先从交强险保额中赔付，但往往其赔付额度不够，这时第三者责任险补充赔偿。

二者具有以下几点不同。

**（1）强制性不同**

交强险属于一种强制性保险，注重的是让第三者的利益能及时得到保障。对于交强险，车辆所有者必须投保，保险人也不得拒绝承保。交强险在全国实行统一的保险条款和费率，银保监会按照交强险业务总体上"不盈不亏"的原则审批费率。

第三者责任险属于一种商业保险，注重的是风险的分散和保险利益的获取。对于第三者责任险，双方当事人均有自主决定权，是否投保是双方协商一致的结果。因为不同保险人之间的费率存在差异，所以第三者责任险保费可以由投保人与保险人约定。

**（2）赔偿原则不同**

在交强险中，机动车发生交通事故造成人身伤亡、财产损失的，由保险公司在责任限额范围内予以赔偿。而在第三者责任险中，保险公司一般依据投保人或被保险人在交通事故中应负的责任予以赔偿。

#### （3）保障范围不同

除了有特别规定之外，交强险的赔偿范围几乎涵盖了所有的交通责任风险。而在第三者责任险中，保险公司有免赔额、免赔率及责任免除事项等。

#### （4）索赔方式不同

在交强险中，受害人可直接向保险公司索赔。而在第三者责任险中，只有投保人或被保险人才有权向保险公司提出赔偿，受害人只有在与保险公司有约定或符合规定的特殊情形下，才能向保险公司索赔。

## 案例分析

根据《机动车第三者责任保险条款》和合同约定，被保险机动车本车驾驶人员的人身伤亡不属于第三者责任险的赔偿范围。

本案中，冯先生在驾车停驶后因未采取必要的安全措施，从而在检查车辆时受伤。在车辆发生事故时，冯先生仍是该车驾驶员，驾驶员的身份不会因为检查车辆暂时离车而发生改变。冯先生作为投保车辆的驾驶员，其遭受的人身伤害不属于第三者责任险的赔偿范围，因此冯先生得不到赔偿。

# 任务五　车上人员责任险

## 案例导入

车主王先生在高速公路上驾车时发生爆胎，于是在紧急停车带下车更换轮胎，结果被后面的来车撞成重伤，后送医院抢救无效死亡。王先生之前投保了车上人员责任险，其亲人在悲痛之余找保险公司索赔，但保险公司拒赔。

请思考：既然王先生投保了车上人员责任险，保险公司为何拒赔？

## 相关知识

### 一、车上人员责任险概述

机动车车上人员责任保险简称**车上人员责任险**，是指发生意外事故，造成保险车辆上人员的人身伤亡，依法由被保险人承担的经济赔偿责任，保险人负责赔偿。

车上人员责任险

> **提示**
>
> 车上人员：发生意外事故的瞬间，在被保险机动车的车体内或车体上的人员，包括正在上下车的人员。

## 二、车上人员责任险条款

### （一）保险责任

（1）保险期间内，被保险人或其允许的驾驶人在使用被保险机动车过程中发生意外事故，致使车上人员遭受人身伤亡，且不属于免除保险人责任的范围，依法应当对车上人员承担的损害赔偿责任，保险人依照保险合同的约定负责赔偿。

（2）保险人依据被保险机动车一方在事故中所负的责任比例，承担相应的赔偿责任。

被保险人或被保险机动车一方根据有关法律法规选择自行协商或由公安机关交通管理部门处理事故，但未确定事故责任比例的，按照被保险机动车一方所负事故责任确定比例，如表2-6所示。

表2-6 车上人员责任险事故责任比例

| 被保险机动车一方 | 事故责任比例 |
| --- | --- |
| 负主要事故责任 | 70% |
| 负同等事故责任 | 50% |
| 负次要事故责任 | 30% |

涉及司法或仲裁程序的，以法院或仲裁机构最终生效的法律文书为准。

### （二）责任免除

（1）在上述保险责任范围内，下列情况下，不论任何原因造成的人身伤亡，保险人均不负责赔偿。

① 事故发生后，被保险人或驾驶人故意破坏、伪造现场、毁灭证据。

② 驾驶人有下列情形之一者。

a. 交通肇事逃逸。

b. 饮酒、吸食或注射毒品、服用国家管制的精神药品或者麻醉药品。

c. 无驾驶证，驾驶证被依法扣留、暂扣、吊销、注销期间。

d. 驾驶与驾驶证载明的准驾车型不相符合的机动车。

e. 非被保险人允许的驾驶人。

③ 被保险机动车有下列情形之一者。

a. 发生保险事故时被保险机动车行驶证、号牌被注销。

b．被扣押、收缴、没收期间。

c．在竞赛、测试期间，在营业性场所维修、保养、改装期间。

d．全车被盗窃、被抢劫、被抢夺、下落不明期间。

（2）下列原因导致的人身伤亡，保险人不负责赔偿。

① 战争、军事冲突、恐怖活动、暴乱、污染（含放射性污染）、核反应、核辐射。

② 被保险机动车被转让、改装、加装或改变使用性质等，导致被保险机动车危险程度显著增加，且未及时通知保险人，因危险程度显著增加而发生保险事故的。

③ 投保人、被保险人或驾驶人故意制造保险事故。

（3）下列人身伤亡、损失和费用，保险人不负责赔偿。

① 被保险人及驾驶人以外的其他车上人员的故意行为造成的自身伤亡。

② 车上人员因疾病、分娩、自残、斗殴、自杀、犯罪行为造成的自身伤亡。

③ 罚款、罚金或惩罚性赔款。

④ 超出《道路交通事故受伤人员临床诊疗指南》和国家基本医疗保险同类医疗费用标准的费用部分。

⑤ 律师费，未经保险人事先书面同意的诉讼费、仲裁费。

⑥ 投保人、被保险人或驾驶人知道保险事故发生后，故意或者因重大过失未及时通知，致使保险事故的性质、原因、损失程度等难以确定的，保险人对无法确定的部分，不承担赔偿责任；但保险人通过其他途径已经知道或者应当及时知道保险事故发生的除外。

⑦ 精神损害抚慰金。

⑧ 应当由交强险赔付的损失和费用。

### （三）责任限额

驾驶人每次事故责任限额和乘客每次事故每人责任限额由投保人和保险人在投保时协商确定。投保乘客座位数按照被保险机动车的核定载客数（驾驶人座位除外）确定。

### （四）赔偿处理

（1）赔款计算。

① 对每座的受害人，当（依合同约定核定的每座车上人员人身伤亡损失金额－应由交强险赔偿的金额）×事故责任比例等于或高于每次事故每座责任限额时：

$$赔款 = 每次事故每座责任限额$$

② 对每座的受害人，当（依合同约定核定的每座车上人员人身伤亡损失金额－应由交强险赔偿的金额）×事故责任比例低于每次事故每座责任限额时：

$$赔款 =（依合同约定核定的每座车上人员人身伤亡损失金额－应由交强险赔偿的金额）×事故责任比例$$

（2）保险人按照《道路交通事故受伤人员临床诊疗指南》和国家基本医疗保险的同类医疗费用标准核定医疗费用的赔偿金额。

（3）未经保险人书面同意，被保险人自行承诺或支付的赔偿金额，保险人有权重新核定。不属于保险人赔偿范围或超出保险人应赔偿金额的，保险人不承担赔偿责任。

## 通用条款

（1）发生保险事故时，被保险人或驾驶人应当及时采取合理的、必要的施救和保护措施，防止或者减少损失，并在保险事故发生后48小时内通知保险人。

被保险机动车全车被盗抢的，被保险人知道保险事故发生后，应在24小时内向出险当地公安刑侦部门报案，并通知保险人。

被保险人索赔时，应当向保险人提供与确认保险事故的性质、原因、损失程度等有关的证明和资料。被保险人应当提供保险单、损失清单、有关费用单据、被保险机动车行驶证和发生事故时驾驶人的驾驶证。

属于道路交通事故的，被保险人应当提供公安机关交通管理部门或法院等机构出具的事故证明、有关的法律文书（判决书、调解书、裁定书、裁决书等）及其他证明。被保险人或其允许的驾驶人根据有关法律法规规定选择自行协商方式处理交通事故的，被保险人应当提供依照《道路交通事故处理程序规定》签订记录交通事故情况的协议书。

被保险机动车被盗抢的，被保险人索赔时，须提供保险单、损失清单、有关费用单据、机动车登记证书、机动车来历凭证以及出险当地县级以上公安刑侦部门出具的盗抢立案证明。

（2）保险人按照本保险合同的约定，认为被保险人索赔提供的有关证明和资料不完整的，应当及时一次性通知被保险人补充提供。

（3）保险人收到被保险人的赔偿请求后，应当及时做出核定；情形复杂的，应当在三十日内做出核定。保险人应当将核定结果通知被保险人；对属于保险责任的，在与被保险人达成赔偿协议后十日内，履行赔偿义务。保险合同对赔偿期限另有约定的，保险人应当按照约定履行赔偿义务。

保险人未及时履行前款约定义务的，除支付赔款外，应当赔偿被保险人因此受到的损失。

（4）保险人依照（3）的约定做出核定后，对不属于保险责任的，应当自做出核定之日起三日内向被保险人发出拒绝赔偿通知书，并说明理由。

（5）保险人自收到赔偿请求和有关证明、资料之日起六十日内，对其赔偿数额不能确定的，应当根据已有证明和资料可以确定的数额先予支付；保险人最终确定赔偿数额后，应当支付相应的差额。

（6）保险人受理报案、现场查勘、核定损失、参与诉讼、进行抗辩、要求被保险人提供证明和资料、向被保险人提供专业建议等行为，均不构成保险人对赔偿责任的承诺。

（7）在保险期间内，被保险机动车转让他人的，受让人承继被保险人的权利和义务。被保险人或者受让人应当及时通知保险人，并及时办理保险合同变更手续。

因被保险机动车转让导致被保险机动车危险程度发生显著变化的，保险人自收到前款约定的通知之日起三十日内，可以相应调整保险费或者解除本保险合同。

（8）保险责任开始前，投保人要求解除本保险合同的，应当向保险人支付应交保险费金额3%的退保手续费，保险人应当退还保险费。

保险责任开始后，投保人要求解除本保险合同的，自通知保险人之日起，本保险合同解除。保险人按日收取自保险责任开始之日起至合同解除之日止期间的保险费，并退还剩余部分保险费。

（9）因履行本保险合同发生的争议，由当事人协商解决，协商不成的，由当事人从下列两种合同争议解决方式中选择一种，并在本保险合同中载明。

① 提交保险单载明的仲裁委员会仲裁。
② 依法向人民法院起诉。

## 案例分析

> 保险公司拒赔的理由是充分的。因为车上人员责任险中的车上人员为车体内或车体上的人员，不包括车下人员，事故发生时王先生在车下，不属于车上人员责任险的保险范围，所以保险公司拒赔。

## 任务六　附加险

## 案例导入

> 黄先生对刚买了半年的宝马轿车非常珍爱，一天晚上，他坐在书房里忽然听到其爱车的报警器鸣叫。急忙冲出去查看，发现车身已经被划花，出现30多厘米长的几道划痕。购买宝马轿车时，黄先生是通过4S店汽车经销商投保车险的，且购买了交强险和车损险。于是，他急忙翻出保险公司的电话，咨询是否能理赔。
> 
> 请思考：保险公司会进行理赔吗？

## 相关知识

### 一、附加险概述

**附加险**是指除了保险条款所规定的主险外，投保人根据需要所加保的险种。附加险是对主险的一种补充，承保的一般是主险不予承保的自然灾害或意外事故。

附加险不能单独承保，必须投保主险后才能投保附加险，二者的适用关系如表2-7所示。

表2-7　附加险与主险的适用关系

| 序号 | 附加险 | 适用的主险险种 | 序号 | 附加险 | 适用的主险险种 |
|---|---|---|---|---|---|
| 1 | 附加绝对免赔率特约条款 | 车损险、第三者责任险、车上人员责任险 | 7 | 附加车上货物责任险 | 第三者责任险 |
| 2 | 附加车轮单独损失险 | 车损险 | 8 | 附加精神损害抚慰金责任险 | 第三者责任险、车上人员责任险 |
| 3 | 附加新增加设备损失险 | 车损险 | 9 | 附加法定节假日限额翻倍险 | 第三者责任险 |

表 2-7（续）

| 序号 | 附加险 | 适用的主险险种 | 序号 | 附加险 | 适用的主险险种 |
|---|---|---|---|---|---|
| 4 | 附加车身划痕损失险 | 车损险 | 10 | 附加医保外医疗费用责任险 | 第三者责任险、车上人员责任险 |
| 5 | 附加修理期间费用补偿险 | 车损险 | 11 | 附加机动车增值服务特约条款 | 车损险、第三者责任保险、车上人员责任险 |
| 6 | 附加发动机进水损坏除外特约条款 | 车损险 | | | |

## 二、附加险条款

### （一）附加绝对免赔率特约条款

（1）绝对免赔率为 5%、10%、15%、20%，由投保人和保险人在投保时协商确定，具体以保险单载明为准。

（2）被保险机动车发生主险约定的保险事故，保险人按照主险的约定计算赔款后，扣减本特约条款约定的免赔，即

$$主险实际赔款 = 按主险约定计算的赔款 \times (1 - 绝对免赔率)$$

### （二）附加车轮单独损失险

投保了车损险的机动车，可投保本附加险。

#### 1. 保险责任

保险期间内，被保险人或驾驶人在使用被保险机动车过程中，因自然灾害、意外事故，导致被保险机动车未发生其他部位的损失，仅有车轮（含轮胎、轮毂、轮毂罩）单独的直接损失，且不属于免除保险人责任的范围，保险人依照本附加险合同的约定负责赔偿。

#### 2. 责任免除

（1）车轮（含轮胎、轮毂、轮毂罩）的自然磨损、朽蚀、腐蚀、故障、本身质量缺陷。

（2）未发生全车盗抢，仅车轮单独丢失。

#### 3. 保险金额

保险金额由投保人和保险人在投保时协商确定。

#### 4. 赔偿处理

（1）发生保险事故后，保险人依据本条款约定在保险责任范围内承担赔偿责任。赔偿方式由保险人与被保险人协商确定。

（2）赔款 = 实际修复费用 - 被保险人已从第三方获得的赔偿金额。

（3）在保险期间内，累计赔款金额达到保险金额，本附加险保险责任终止。

### （三）附加新增加设备损失险

投保了车损险的机动车，可投保本附加险。

#### 1. 保险责任

保险期间内，投保了本附加险的被保险机动车因发生车损险责任范围内的事故，造成车上新增加设备的直接损毁，保险人在保险单载明的本附加险的保险金额内，按照实际损失计算赔偿。

新增加设备是指被保险机动车出厂时原有设备以外的，另外加装的设备和设施。例如，车上新增加设备包括尾翼、制冷设备、音响、轮毂、车灯等，如图 2-11 所示。

（a）尾翼

（b）轮毂

（c）日行灯

图 2-11　车上新增加设备

### 2．保险金额

保险金额根据新增加设备投保时的实际价值确定。新增加设备的实际价值是指新增加设备的购置价减去折旧金额后的金额。

### 3．赔偿处理

（1）发生保险事故后，保险人依据本条款约定在保险责任范围内承担赔偿责任。赔偿方式由保险人与被保险人协商确定。

（2）赔款＝实际修复费用－被保险人已从第三方获得的赔偿金额。

 小案例

#### 加装的尾翼撞坏怎么赔？

许先生为自己的新车投保了车损险和第三者责任险。购车时，许先生另外花费 1 500 元给自己的爱车加装了尾翼。几天后，许先生倒车时不慎撞到后墙致使尾翼撞坏。当许先生到保险公司索赔时，理赔人员告诉他车损险不赔偿新增加设备的损失，而许先生也没有投保附加新增加设备损失险，故保险公司不予赔偿。

许先生加装的尾翼在新车下线时是没有的，车辆的使用说明书中有详细的记录。因此，只有投保了附加新增加设备损失险，保险公司才会对新增加设备的损失予以赔偿。

## （四）附加车身划痕损失险

投保了车损险的机动车，可投保本附加险。

### 1. 保险责任

保险期间内，投保了本附加险的机动车在被保险人或驾驶人使用过程中，发生无明显碰撞痕迹的车身划痕损失，保险人按照保险合同约定负责赔偿。

> **提 示**
>
> 无明显碰撞痕迹的车身划痕通常是指车身表面只需要喷涂修理即可修复的损伤。

### 2. 责任免除

（1）被保险人及其家庭成员、驾驶人及其家庭成员的故意行为造成的损失。

（2）因投保人、被保险人与他人的民事、经济纠纷导致的任何损失。

（3）车身表面自然老化、损坏、腐蚀造成的任何损失。

### 3. 保险金额

保险金额为2 000元、5 000元、10 000元或20 000元，由投保人和保险人在投保时协商确定。

### 4. 赔偿处理

（1）发生保险事故后，保险人依据本条款约定在保险责任范围内承担赔偿责任，赔偿方式由保险人与被保险人协商确定。

赔款 = 实际修复费用 − 被保险人已从第三方获得的赔偿金额。

（2）在保险期间内，累计赔款金额达到保险金额，本附加险保险责任终止。

**想一想**

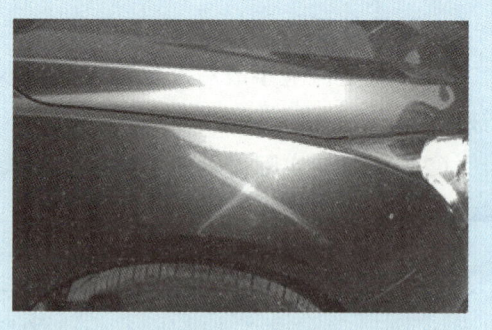

广东的孙先生为其爱车投保了附加车身划痕损失险，保险金额为5 000元。在保险期间内，孙先生有一次将车停在小区的停车位时，遭他人故意划伤，保险公司按照实际喷涂修理的费用赔偿了2 800元。不幸的是，在此次事故发生两个月后，孙先生的爱车再次遭他人划伤，其共花了3 200元的维修费。

想一想，孙先生在第二次事故中能得到保险公司多少赔偿金额？

**视野拓展**

### 车龄超5年难买"划痕险"

近日，市民张先生到某保险公司为爱车续保，可销售人员开出来的保险明细中交强险、车损险、第三者责任险、附加车轮单独损失险等都有，却单单没有"划痕险"。张先生奇怪为什么没有"划痕险"，承保人员告诉他，5年以上车龄的汽车暂时无法购买。

保险公司普遍对"划痕险"的承保和理赔设置了一定的条件,"划痕险"销售门槛悄然抬高,5年以上车龄的车辆很难买上"划痕险"。

### (五)附加修理期间费用补偿险

投保了车损险的机动车,可投保本附加险。

#### 1. 保险责任

保险期间内,投保了本附加险的机动车在使用过程中,发生机动车损失保险责任范围内的事故,造成车身损毁,致使被保险机动车停驶,保险人按保险合同约定,在保险金额内向被保险人补偿修理期间费用,作为代步车费用或弥补停驶损失。

#### 2. 责任免除

下列情况下,保险人不承担修理期间费用补偿。

(1)因车损险责任范围以外的事故而致被保险机动车的损毁或修理。

(2)非在保险人认可的修理厂修理时,因车辆修理质量不合要求造成返修。

(3)被保险人或驾驶人拖延车辆送修期间。

#### 3. 保险金额

本附加险保险金额=补偿天数×日补偿金额。补偿天数及日补偿金额由投保人与保险人协商确定并在保险合同中载明,保险期间内约定的补偿天数最高不超过90天。

#### 4. 赔偿处理

全车损失:按保险单载明的保险金额计算赔偿;部分损失,在保险金额内按约定的日补偿金额乘以从送修之日起至修复之日止的实际天数计算赔偿,实际天数超过双方约定修理天数的,以双方约定的修理天数为准。

保险期间内,累计赔款金额达到保险单载明的保险金额后,本附加险保险责任终止。

### (六)附加发动机进水损坏除外特约条款

投保了车损险的机动车,可投保本附加险。

保险期间内,投保了本附加险的被保险机动车在使用过程中,因发动机进水后导致的发动机的直接损毁,保险人不负责赔偿。

### (七)附加车上货物责任险

投保了第三者责任险的营业货车(含挂车),可投保本附加险。

#### 1. 保险责任

保险期间内,发生意外事故致使被保险机动车所载货物遭受直接损毁,依法应由被保险人承担的损害赔偿责任,保险人负责赔偿,如图2-12所示。

图 2-12　车上货物损毁

**2. 责任免除**

（1）偷盗、哄抢、自然损耗、本身缺陷、短少、死亡、腐烂、变质、串味、生锈，动物走失、飞失，货物自身起火燃烧或爆炸造成的货物损失。

（2）违法、违章载运造成的损失。

（3）因包装、紧固不善，装载、遮盖不当导致的任何损失。

（4）车上人员携带的私人物品的损失。

（5）保险事故导致的货物减值、运输延迟、营业损失及其他各种间接损失。

（6）法律、行政法规禁止运输的货物的损失。

**3. 责任限额**

责任限额由投保人和保险人在投保时协商确定。

**4. 赔偿处理**

（1）被保险人索赔时，应提供运单、起运地货物价格证明等相关单据。保险人在责任限额内按起运地价格计算赔偿。

（2）发生保险事故后，保险人依据本条款约定在保险责任范围内承担赔偿责任，赔偿方式由保险人与被保险人协商确定。

 小案例

> **案情简介：** 某车在运输途中发生翻车交通事故，车上拉的 10 头奶牛，2 头当场死亡，8 头走失。该车投保了第三者责任险，附加车上货物责任险，保险公司该如何赔付奶牛损失？
>
> **案例分析：** 车上货物责任险条款约定"偷盗、哄抢、自然损耗、本身缺陷、短少、死亡、腐烂、变质、串味、生锈，动物走失、飞失，货物自身起火燃烧或爆炸造成的货物损失"为责任免除，因此保险公司只能赔付事故中死亡的 2 头奶牛的损失。

**（八）附加精神损害抚慰金责任险**

投保了第三者责任险或车上人员责任险的机动车，可投保本附加险。

在投保人仅投保第三者责任险的基础上附加本附加险时，保险人只负责赔偿第三者的精神损害抚慰金；在投保人仅投保车上人员责任险的基础上附加本附加险时，保险人只负责赔偿车上人员的精神损害抚慰金。

### 1. 保险责任

保险期间内，被保险人或驾驶人在使用被保险机动车的过程中，发生投保的主险约定的保险责任内的事故，造成第三者或车上人员的人身伤亡，受害人据此提出精神损害赔偿的请求后，保险人依据法院判决及保险合同约定，对应由被保险人或驾驶人支付的精神损害抚慰金，在扣除交强险应当支付的赔款后，在保险赔偿限额内负责赔偿。

### 2. 责任免除

（1）根据被保险人与他人的合同协议，应由他人承担的精神损害抚慰金。

（2）未发生交通事故，仅因第三者或本车人员的惊恐而引起的损害。

（3）怀孕妇女的流产发生在交通事故发生之日起 30 天以外的。

### 3. 赔偿限额

本保险每次事故赔偿限额由保险人和投保人在投保时协商确定。

### 4. 赔偿处理

本附加险赔偿金额依据生效法律文书或当事人达成且经保险人认可的赔付协议，在保险单所载明的赔偿限额内计算赔偿。

 **小案例**

> **案情简介**：李大妈养了一条宠物狗，平时视为自己的儿女。一天李大妈晨练时，她的狗被过往的机动车撞死，李大妈悲痛欲绝，除要求肇事司机赔偿 1 000 元狗款外，还要求肇事司机赔偿其精神损失费 5 000 元，请问如果肇事车辆投保了第三者责任险，并附加了精神损害抚慰金责任险，对于李大妈要求的精神抚慰金，保险公司是否应该赔付？
>
> **案例分析**：保险公司不赔付。附加精神损害抚慰金责任险的保险责任约定：只有造成第三者或车上人员的人身伤亡，受害人据此提出精神损害赔偿请求，保险公司才进行赔付。因此，本次事故对于小动物的死伤造成李大妈的精神损失，保险公司不予赔偿。

### （九）附加法定节假日限额翻倍险

投保了第三者责任险的家庭自用汽车，可投保本附加险。

保险期间内，被保险人或其允许的驾驶人在法定节假日期间使用被保险机动车发生第三者责任险范围内的事故，并经公安部门或保险人查勘确认的，第三者责任险所适用的责任限额在保险单载明的基础上增加一倍。

### （十）附加医保外医疗费用责任险

投保了第三者责任险或车上人员责任险的机动车，可投保本附加险。

### 1. 保险责任

保险期间内，被保险人或其允许的驾驶人在使用被保险机动车的过程中，发生主险保险事故，对于被保险人依照中华人民共和国法律（不含港澳台地区法律）应对第三者或车上人员承担的医疗费用，保险人对超出《道路交通事故受伤人员临床诊疗指南》和国家基本医疗保险同类医疗费用标准的部分负责赔偿。

### 2. 责任免除

下列损失、费用，保险人不负责赔偿。

（1）在相同保障的其他保险项下可获得赔偿的部分。

（2）所诊治伤情与主险保险事故无关联的医疗、医药费用。

（3）特需医疗类费用。

### 3. 赔偿限额

赔偿限额由投保人和保险人在投保时协商确定，并在保险单中载明。

### 4. 赔偿处理

被保险人索赔时，应提供由具备医疗机构执业许可的医院或药品经营许可的药店出具的、足以证明各项费用赔偿金额的相关单据。保险人根据被保险人实际承担的责任，在保险单载明的责任限额内计算赔偿。

#### （十一）附加机动车增值服务特约条款

本特约条款包括道路救援服务特约条款、车辆安全检测特约条款、代为驾驶服务特约条款、代为送检服务特约条款共四个独立的特约条款，投保人可以选择投保全部特约条款，也可以选择投保其中部分特约条款。保险人依照保险合同的约定，按照承保特约条款分别提供增值服务。

## 案例分析

> 本案中，黄先生投保的车险中仅包含交强险和车损险，不包括附加车身划痕损失险，而在车损险条款中规定，被保险车辆出现"无明显碰撞痕迹的车身划痕"时，保险公司不负责赔偿。因此，保险公司拒绝了黄先生的索赔。

# 项目情景演练

## 一、情景描述

外企白领陈先生新买了一辆丰田锐志，到手后第一步就是为自己的爱车购买各种保险。但面对各种不同的汽车保险产品，陈先生不知道该如何选择。于是陈先生到保险公司进行投保咨询。

保险人员张明接待了陈先生，向其了解情况后，详细介

绍了汽车保险产品相关内容。

## 二、情景模拟

（1）学生可按4人为一组进行上述情景模拟演练，其中两人扮演保险公司人员，一人扮演车主陈先生，一人为记录人员。

（2）根据本项目所学内容，反复进行演练，不断完善演练效果。

（3）到汽车保险模拟实训室，依据最终确定的演练方案，进行汇报演出。

## 三、情景分析

保险人员向客户介绍汽车保险产品构成。目前，汽车保险产品分为交强险和机动车商业保险两大类。保险人员向客户重点介绍交强险和常用商业保险险种的特点、条款具体内容，尤其关于各险种的责任免除情况，避免在以后理赔时出现纠纷。

## 四、脚本示例

下面是上述情景的脚本示例，仅供参考。

人物角色：车主陈先生，保险业务人员张明，保险公司前台小李。

基本情景：车主陈先生来到保险公司进行投保咨询，业务人员张明了解其情况后，为其详细介绍了汽车保险产品构成，不同险种的特点、赔偿范围和责任免除等。

小李：您好，请问有什么可以为您服务的？

陈先生：您好，我最近新买了一辆轿车，想买汽车保险。

小李：好的，您在这边稍坐一会儿，我安排一下我们的保险人员张明为您介绍。

陈先生：好的。

小李：张明，这里有位客人想买汽车保险，麻烦过来介绍一下。

张明：好的。

陈先生：您好，我最近新买了辆车，想上保险，但是不太了解汽车保险都有哪些？

张明：您好，首先，车险包括交强险和机动车商业险两大类。其中，交强险是国家强制性的，必须要购买的，否则车辆将无法上路行驶；而机动车商业险是车主根据自己的实际情况自愿选择投保的。

陈先生：嗯明白，您能详细介绍一下机动车商业险吗？

张明：好的。其实，我们平时所买的商业险是分为两个部分的，包括商业险的主险和附加险。其中，主险是可以独立投保的险种，主要包括车损险、第三者责任险、车上人员责任险3个独立的险种，投保人可以选择投保全部险种，也可以选择投保其中部分险；而附加险是不可独立投保的险种，必须要在投保以上3种主险的基础上才能投保。

陈先生：附加险是什么意思呢？

张明：简单来说，附加险就是车主在选择一些主险之后，如果还有想要保障的部分，可以通过附加险来选择。比如，对于很多车主，尤其是车辆价值较高的车主而言，如果购买附加车身划痕损失险后爱车的车身出现划痕，将会省掉一笔不小的开支，但是它又不在车损险赔付范围之内。这项附加险便为车主解决了车身划痕的赔偿问题。具体而言，它主要是指在保险期间内，若被保险机动车的车身出现划痕，保险人会按实际损失金额赔偿。

陈先生：哦，原来是这样。

张明：另外，您需要特别注意的一点是车险险种一般都有免责项，保险合同中一般都有说明。比如，您投保了车损险，但是如果您在饮酒的情况下发生了交通事故，保险公司是不负责赔偿的。

············

陈先生：感谢您的介绍，我还想了解一下一般都投保哪些险种。

张明：好的，下面我为您介绍一下投保方案。

············

# 复习思考题

## 一、填空题

1. 根据我国目前的汽车保险政策，汽车保险产品分为_____和_____两大类。
2. 机动车主险包括_____、_____和_____3个独立险种，附加险包括_____、_____、_____和_____等11个险种。
3. _____是指由保险公司对被保险机动车发生道路交通事故造成本车人员、被保险人以外的人身伤亡、财产损失，在责任限额内予以赔偿的强制性责任保险。
4. 交强险具有_____、_____、_____和_____等特点。
5. 死亡伤残赔偿限额项包括_____、_____和_____等。医疗费用赔偿限额项包括_____、_____和_____等。
6. _____是指被保险人或驾驶人在使用被保险车辆过程中发生的意外事故，致使第三者遭受人身伤亡或财产直接损毁，依法应当由被保险人支付的赔偿金额，由保险人依照保险合同的规定给予赔偿的保险。
7. _____是指在中华人民共和国境内（不含港、澳、台地区）行驶的家庭或个人所有，且用途为非营业性运输，核定座位在9座以下的客车。
8. _____是指除了保险条款所规定的主险外，投保人根据需要所加保的险种。
9. 新增加设备是指被保险机动车出厂时原有设备以外的，另外加装的设备和设施，包括_____、_____和_____等。
10. 必须在投保_____或_____后，才能投保附加精神损害抚慰金责任险。
11. 附加修理期间费用补偿险的保险金额=_____×_____。
12. 附加机动车增值服务特约条款包括道路救援服务特约条款、_____、代为驾驶服务特约条款、_____共四个独立的特约条款。

## 二、简答题

1. 汽车保险险种包括哪些？
2. 什么是交强险？它有哪些特征？
3. 现行交强险责任限额是如何界定的？

4．在哪些情况下交强险可以进行垫付和追偿？哪些情况下交强险不负责垫付和赔偿？

5．什么是车损险？车损险分为哪些类型？

6．简述车损险的保险责任，试列举至少3种车损险责任免除情形。

7．什么是第三者责任险？第一者、第二者和第三者分别指什么？

8．试列举至少3种第三者责任险责任免除情形。

9．什么是车上人员责任险？

10．试列举至少3种车上人员责任险责任免除情形。

11．简述附加车身划痕损失险的保险责任、责任免除、保险金额及赔偿处理。

12．简述附加医保外医疗费用责任险的保险责任、责任免除、赔偿限额及赔偿处理。

# 项目三　汽车保险承保实务

## 项目导读

承保是保险公司控制风险、提高保险质量最为关键的一个步骤。如果汽车承保工作做不到位，保险公司很有可能会承保劣质标的，导致高出险率，从而使理赔工作量增加、管理投入加大、经营成本上升等。因此，承保人员必须对车险承保工作有一个全面清晰的认识，熟练掌握各项承保实务，以提高保险公司的承保质量。

汽车保险承保的主要流程：首先，保险人员在承保时应根据投保人的需求，为其设计一份合理的汽车保险投保方案；然后，保险人员指导投保人填写投保单，双方协商确定保费；最后，保险人员通过核保，做出承保决策。如果保险人接受投保，则在投保单上签章并收取保险费，出具保险单或保险凭证，保险合同即告成立。如果保险标的的所有权发生改变，或投保人由于某种原因要求更改或取消保险合同等，都需要进行批改。另外，保险合同期满后，投保人需办理续保业务。

本项目主要介绍了汽车保险承保实务的相关知识，让学生熟练掌握如何投保，如何进行核保，以及如何进行保险单证的签发、批改与续保等。

## 知识目标

- 掌握汽车承保的概念、影响因素及工作流程。
- 了解汽车投保的前提和途径。
- 掌握投保单的填写要求。
- 掌握汽车核保的概念、原则、意义、方式及工作流程。
- 掌握保险单的签发、批改及续保。

## 技能目标

- 能够熟练运用本项目所学汽车保险的知识正确分析相关案例。
- 能够进行汽车保险承保情景模拟演练。
- 培养学生的汽车保险意识，增强学生的实践技能，提升学生的职业素养。

# 任务一　认识汽车保险承保

## 案例导入

最近，张先生花费8万元买了一辆捷达轿车自用。该车一般停放在露天车位，另外张先生经常驾车出游，有两次追尾事故记录。张先生的妻子也经常用车，驾龄为1年，且无不良驾驶记录。张先生想为自己的爱车购买保险，却不知道怎样购买车险，大概过程是怎样的。于是，张先生从网上找到一家汽车保险公司的电话进行了咨询。

思考：如果你是保险公司的一名业务人员，在得知张先生有购买保险的需求后，应如何向其介绍保险公司的承保流程，从而使张先生顺利投保呢？

## 相关知识

### 一、汽车承保的概念

**汽车承保**是指保险人在投保人提出投保请求后，经审核其投保内容符合承保条件，同意接受其投保申请，并按照保险条款承担保险责任的过程。汽车承保主要包括展业、投保、核保、签发单证、批改与续保等程序。

保险公司是经营风险的特殊行业，其要实现经营稳定，关键在于控制承保业务的质量。保险人在审核客户填写的投保单时，会做出两种选择：一种是接受投保人的投保要求，根据投保单的内容，签订保险合同，出具保单，完成承保工作；另一种是拒绝投保人的投保要求，并向投保人说明拒保的理由。

**展业**即开展业务，特指保险公司的业务人员开展保险业务。

项目三 汽车保险承保实务

 小案例

最近,长沙的张女士在为其爱车投保时遇到了麻烦。由于上一年度出险报案次数达5次,张女士在续保今年的车险时被各保险公司频频拒绝,最后只能求助外省保险公司。实际上,许多车主时常会听说保险公司"拒赔",但很少听说有哪家公司"拒保"。

那么,究竟遇到什么情况保险公司才会拒保呢?为什么保险公司有业务也不肯做呢?业内人士指出,拒保实际上是保险公司为了规避经营风险,针对出险次数较多的高风险客户采取的一种做法,主要是为了有效控制风险、提高承保质量。

## 二、汽车承保的影响因素

汽车承保质量的好坏受**费率厘定**、**单证管理**、**核保技术**、**应收保费管理**等因素的影响。

### (一)费率厘定

在车险行业不断发展的情况下,保险公司竞争日趋激烈。很多保险公司为了争取市场份额,刻意降低保险费率,结果影响了自身的赔偿能力,损害了被保险人的利益,对保险业也产生了严重的负面影响。

保险人收取的保费需与所承保的风险额相匹配,因此费率厘定是保险经营面临的第一风险。建立科学的精算体系、积累有效的经营数据、制订合理的车险费率,是防范经营风险、实现保险合同双方权益的首要技术环节。

### (二)单证管理

投保单、保险单、保费发票、保险证、批单等保险单证共同构成了保险合同,是保险经营得以实现的载体。保险单证是保险经营的风险控制要点,只有把单证管理好,才能方便承保。因此,保险人员应切实加强重要保险单证的印制、发放、使用、调拨、核销等实务操作管理。

### (三)核保技术

核保是一项专业性很强、技术要求很高的工作。核保人员技术的高低直接影响汽车的承保质量。核保人员应在综合考虑车辆类型、使用性质、所在地区及驾驶人员素质等风险因素的基础上,对其加以识别、选择、控制和管理,进而承保高质量的保险标的。

### (四)应收保费管理

应收保费管理不到位将会给保险人带来风险,影响保险人的分保、保障基金等。例如,个别投保人不履行缴纳保费义务,若其未出险,则此项将成为坏账;公司内部管理不到位,导致保费滞留在业务员或代理点手中影响保险公司的效益。因此，保险公司需对应收保费加强控制和管理，堵塞漏洞，提高承保质量。

**提 示**

> 分保又称再保险，是指保险人将其承担的部分保险业务，以承保形式转移给其他保险人。这种再保险可以分散保险人的风险，有利于其控制损失，稳定经营。
>
> 保障基金是指保险机构为了有足够的能力应付可能产生的巨额赔款，从年终结余中专门提存的后备基金。

## 三、汽车承保的工作流程

保险人的承保工作一般包括以下几点，其流程如图 3-1 所示。

（1）为投保人介绍条款，履行明确说明义务，提醒投保人履行如实告知义务。

（2）制订合适的保险方案，并协助投保人计算保费。

（3）协助投保人填写投保单。

（4）业务人员验车、验证，确认保险标的的真实性。

（5）在业务系统录入投保信息，系统生成投保单号，经过复核提交核保人员进行核保。

（6）核保人员按照公司核保规定进行核保，并将核保意见向公司反馈。核保通过后，保险人员收取保费，出具保单。

（7）承保完成后，进行数据处理和客户回访。

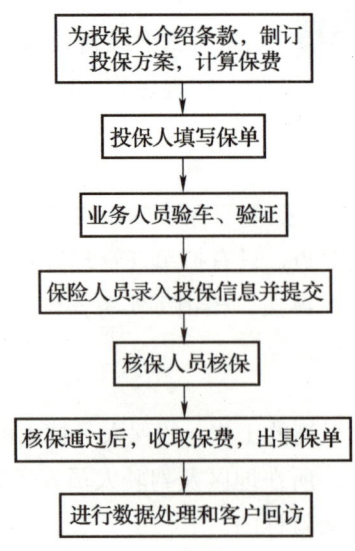

图 3-1 汽车承保工作流程

## 案例分析

> 保险人员必须清楚保险公司的承保流程，才能更好地开展业务，为客户服务。本案中，保险公司的业务人员可向张先生大概介绍公司的承保流程，便于其更好地投保。具体可参考如下对话示例。
>
> 业务人员：您好，请问有什么可以为您服务的？
>
> 张先生：您好，我想咨询一下关于投保车险的相关事宜。
>
> 业务人员：好的，您请说。
>
> 张先生：我最近买了辆新车，计划购买车险，但是因为第一次投保，所以流程不是很清楚，您能不能大概帮我介绍一下呢？
>
> 业务人员：好的。投保的流程主要有3步：首先，我们会根据您的具体情况和需求，为您制订一份保险方案；然后您需要填一份我们公司出具的投保单；最后，经我们公司核保人审核通过后，会有人通知您缴纳保费、领取保单。这样您就成功购买车险了。整个流程中您都可以享受到我们细致周到的服务。
>
> 张先生：好的，非常感谢您的介绍。

# 任务二　投　保

## 案例导入

> 王女士30岁，具有2年的驾龄，经济条件中等。最近，王女士因工作需要购置了一辆雪佛兰轿车。王女士知道车辆在上路前必须要上保险，但是由于其是新手，所以不知道该如何为其爱车上保险才能得到更好的保障。在朋友的推荐下，她选择了当地一家规模较大、信誉较好的保险公司，并在业务人员小李的帮助下进行了投保。
>
> 请思考：如果你是小李，会如何向王女士介绍投保的具体事宜呢？

## 相关知识

### 一、汽车投保概述

#### （一）汽车投保的前提

（1）具备公安交通管理部门核发的车辆号牌。对于新车，在上牌照前需办理投保业务。如果新车需要开往异地办理投保业务，应有公安交通管理部门核发的临时车辆号牌，如图3-2（a）所示。

（2）具备公安交通管理部门核发的机动车行驶证，如图3-2（b）所示。

（3）具备车辆检验合格证，如图3-2（c）所示。新车需有出厂前的检验合格证，旧车行驶证上需有年检合格章，才能办理投保业务。投保车辆必须达到《机动车运行安全技术条件》（GB 7258—2017）的国家标准，否则将被视为质量不合格或报废车辆，而无投保资格。

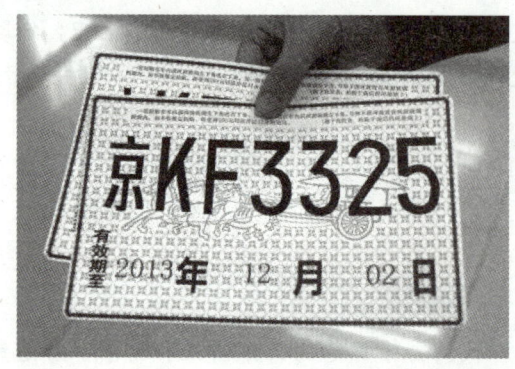
（a）临时车辆号牌

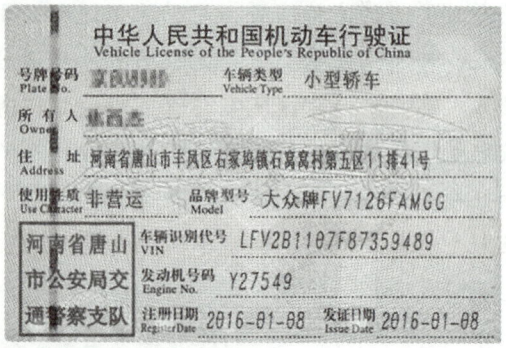
（b）机动车行驶证

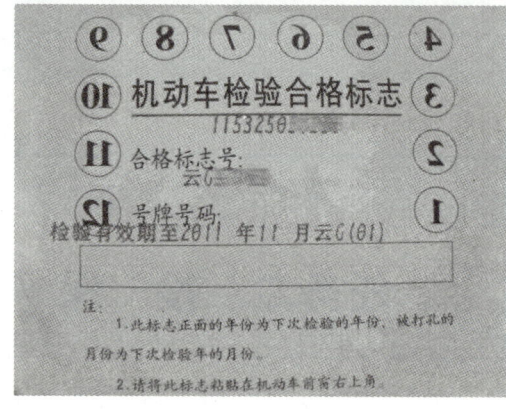
（c）机动车检验合格标志

图 3-2　汽车投保前所需材料

## 视野拓展

### 厦门27家汽车销售单位获核发资格——购车即上临时号牌

为了进一步加强机动车临时行驶车号牌（以下简称临时号牌）管理，规范临时号牌核发，方便群众申请办理注册登记业务，提升便民利民服务水平，福建省交警总队在全省推行委托汽车销售单位核发临时号牌（见图3-3）工作，厦门交警支队积极推进此项工作。截至2017年11月，厦门共有27家汽车销售单位取得了核发临时行驶号牌的资格。推行这项政策后，人们可在具有核发资格的汽车销售单位购车后直接申请临时号牌，无需再跑到车管所申请。

图 3-3　临时行驶车号牌

**1. 适用情况**

汽车销售单位应当在支队授权范围内，为本单位已销售的、需申请办理注册登记业务的汽车，或未销售的、需在汽车销售单位间调货的汽车核发临时号牌。

### 2. 核发种类及期限

汽车销售单位核发的临时号牌种类为辖区内（本市各区间）或跨辖区（福建省内各市间）临时号牌。辖区内临时号牌最多只能核发 2 次，有效期限最长不得超过 7 日；跨辖区临时号牌最多只能核发 1 次，有效期限最长不得超过 15 日。同一辆车核发临时号牌次数不得超过 2 次。汽车销售单位核发的跨辖区临时号牌行驶区域仅限福建省境内。

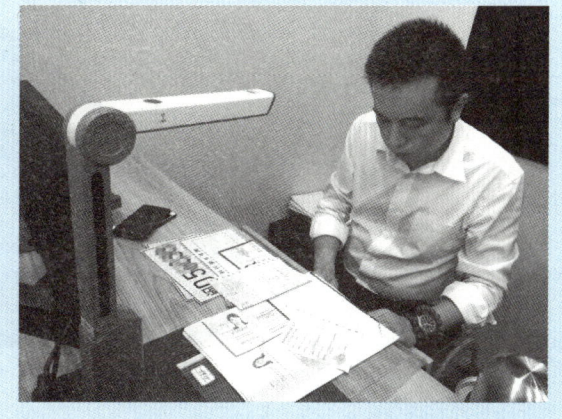

### 3. 机动车所有人提交的证明、凭证

（1）机动车所有人的身份证明。

（2）交强险凭证。

（3）对已销售的车辆，需申请办理注册登记业务的还应当提交机动车来历证明，以及机动车整车出厂合格证明或进口机动车进口凭证。对未销售的车辆，应当提交机动车整车出厂合格证明或进口机动车进口凭证。

### 4. 收费标准

客车类收费 10 元，其他车型收费 5 元。

## （二）汽车投保的途径

汽车投保一般有**保险公司投保**、**代理机构投保**、**4S 店投保**、**电话投保**、**网络投保**等途径可供选择。

（1）**保险公司投保**是指投保人直接到保险公司进行投保，如图 3-4（a）所示。这是比较传统的投保方式。

（2）**代理机构投保**是指投保人到以代卖保险公司产品为主营业务的专业代理机构进行投保，如图 3-4（b）所示。

（3）**4S 店投保**是指车主在 4S 店购车的同时，也在 4S 店购买车险，如图 3-4（c）所示。这是目前最主要的投保方式。

汽车投保途径

（a）保险公司投保

（b）代理机构投保

(c) 4S 店投保

图 3-4 汽车投保

（4）**电话投保**是指投保人通过保险公司专门开通的服务电话进行投保。

目前，只有人保、平安、太保、大地财险等少数大公司获得了电话营销专用机动车商业保险产品的资格。银保监会的 7 折限折令主要针对中小型公司，大公司可突破限折令，这势必使市场竞争更加激烈。如果投保人采用电话投保的方式进行投保，一定要警惕"山寨电话"，最好从保险公司官网索取电话号码。

### 提 示

> 限折令是指政府机构或行业协会发布的限制价格打折的政令。

（5）**网络投保**是指投保人在保险公司设立的专用网站上发送投保申请，保险公司在收到申请后电话联系投保人进行确认的一种投保方式，如图 3-5 所示。

图 3-5 中国人民保险投保网站

以上几种方式各有其优缺点（见表3-1），投保人可选取适合自己的投保途径。

表3-1 不同投保途径的优缺点

| 投保途径 | 优点 | 缺点 |
| --- | --- | --- |
| 保险公司投保 | ① 专业，能推荐最合适车主的险种<br>② 车主可获得更多信息和服务<br>③ 投保最可靠 | ① 保费较高<br>② 占用车主时间，给其带来不便 |
| 代理机构投保 | ① 服务质量高<br>② 可供选择的保险公司和投保方案多 | 保费较高 |
| 4S店投保 | ① 服务便捷、高效。当汽车出险时，4S店可帮助车主联系保险公司，协助车主与保险公司办理理赔业务<br>② 维修质量有保障 | ① 保费较高<br>② 不够专业，提供的险种有限，常推荐一些华而不实的险种 |
| 电话投保 | ① 保费便宜。因电话投保可省去很多中间的营销环节，可把保险公司支付给中介的佣金让利给车主<br>② 办理便捷。车主足不出户，只要打一个电话，保险公司就会解答各类问题，并派人上门帮助客户办理投保业务<br>③ 不易被"营销误导"。因直接与保险公司直接沟通，避免中介和4S店在销售时进行营销误导 | ① 易受骗。因不与保险公司直接沟通，客户易受骗。投保人需提防假冒投保电话和假保单<br>② 不易与保险公司谈判 |
| 网络投保 | ① 保费便宜。网上购买车险会有一定的优惠<br>② 办理便捷。可直接在网上选择险种、填写保单、支付保费 | ① 易受骗。车主需提防假冒保险公司网站<br>② 车主必须熟悉车险 |

## 视野拓展

### 选择保险公司

现在很多车主在选择保险公司时往往会陷入一个误区——谁的便宜就选谁。车主在购买车险时不能只注重价格，还要考虑保险公司的服务质量、整体实力和理赔速度等。在选择保险公司时，投保人一般应考虑以下几个方面。

**如何选择保险公司**

1) 服务

保险公司应具有良好的诚信形象，保险人员应具有较高的职业素养，能为客户提供优质的服务。此外，保险公司最好能提供增值服务。例如，有的保险公司推出全天候的出单服务，客户在全年中每一天都能拿到保单；有的保险公司提供24 h全国紧急救援、保险事故人员伤亡的医疗担保卡、优惠安装GPS(全球定位系统)等增值服务。

2) 实力

保险公司应拥有雄厚的资产，经营状况良好，近几年无亏损现象，具有较强的偿付能力。一般来说，实力越强的公司，其赔付能力也越强。

### 3）规模

汽车的流动性决定了其随时随地出险的特殊性。因此，保险公司应具备完善的服务体系以及理赔网络，网点应遍布全国，且拥有一支成熟的理赔队伍。一旦出险，保险公司能保证在较短时间内赶赴现场，进行查勘，协助处理事故。

**注意**

投保人在进行汽车投保时，需要注意以下几点。

（1）了解自身风险及特征，包括车辆在使用期间可能面临的风险，以及风险可能引发的结果。例如，新车存在较大的被盗风险；运营车辆一旦发生事故，赔偿数额较大等。

（2）了解车险市场现有产品。投保人要重点了解主要车险产品的保险责任、责任免除以及特约规定，免赔额或免赔率的计算，费率优惠和无赔款优待的相关规定等。

（3）明确自身保障需求。一般来说，投保人对新车的保障需求较高，对旧车的保障需求较低，对特种车辆或者车辆中的特殊设备有特殊保险需求等。

## 二、汽车保险方案

选择汽车保险险种

汽车保险的险种非常多，五花八门的险种往往会使新购车的车主眼花缭乱，无所适从。在选择险种时，投保人要考虑哪一些险种更适合自己。在汽车保险中，除交强险是所有车辆必须投保的外，其余险种都是车主自愿选择的，可根据自己的实际情况有选择地投保，既节省保费又有保障。

保险公司可根据投保人的保险需求和经济能力，设计不同的汽车险种组合方案，供投保人选择。现推荐以下4种汽车保险方案，如表3-2所示。

表3-2 汽车保险方案

| 方案 | 险种组合 | 特点 | 适用对象 |
| --- | --- | --- | --- |
| 最低保障方案 | 交强险＋第三者责任险 | 可应付上牌照或验车，但出险后，对方只能得到保险公司的部分赔偿，但车主的损失要自己承担 | 怀有侥幸心理、认为上保险没用，或急于拿保险单去上牌照或验车的人 |
| 基本保障方案 | 交强险＋车损险＋第三者责任险 | 必要性最高，但非最佳组合 | 有一定经济压力的个人或单位 |
| 最佳保障方案 | 交强险＋车损险＋第三者责任险＋车上人员责任险＋附加车身划痕损失险 | 投保价值大，但得不到全面保障 | 一般公司或个人 |
| 完全保障方案 | 交强险＋车损险＋第三者责任险＋车上人员责任险＋附加车身划痕损失险＋附加车轮单独损失险＋附加新增加设备损失险 | 几乎所有汽车事故的损失都能得到赔偿，但保费较高，某些险种出现概率较小 | 机关、事业单位或大公司 |

## 小案例

**案情简介**：刚拿到驾照的王先生买了一辆奥迪 A6，在市区上下班使用，小区和公司停车场都比较安全。根据具体情况，王先生投保了交强险、车损险、第三者责任险、附加车身划痕损失险和附加绝对免赔率特约条款。

**案例分析**：交强险是国家法律规定的强制保险，车主必须购买，但其保险金额偏低，一旦出险，一般是不够赔付保险事故损失的，加上王先生是新手，出现交通事故的概率较大，所以投保了第三者责任险。车辆在使用过程中，磕磕碰碰是难免的，因此购买车损险是很有必要的，否则车辆事故损失只能由王先生自己承担。王先生的车子比较高档，发生交通事故时车身很容出现划痕，故投保了附加车身划痕损失险。另外，附加绝对免赔率特约条款能够提供事故后本来应该由王先生承担的免赔金额。

## 课堂讨论

李先生长期在外边跑业务，为了方便，买了一辆二手的帕萨特。试讨论李先生购买哪些保险比较合适？

## 三、投保单及其填写

**投保单**又称**要保单**或**投保申请书**，是投保人申请投保的一种书面凭证，如表3-3所示。

投保单通常是由保险公司提供的，投保人依据其所列项目如实填写，以供保险公司决定是否承保或以何种条件、何种费率承保。投保单本身并非正式合同的文本，但一经保险人接受，即成为保险合同的一部分。如投保单填写的内容不实或故意隐瞒、欺诈，将影响保险合同的效力。

投保单的内容主要包括：① 投保人、被保险人情况；② 投保机动车情况；③ 指定驾驶员情况；④ 保险期间；⑤ 投保险种；⑥ 保险费合计；⑦ 特别约定；⑧ 保险合同争议解决方式选择；⑨ 投保人签名/签章。

## 注意

投保单通常为"一车一单"，如果一单多车，应填写《机动车辆保险投保单附表》。填写时应字迹清晰，如要更改，需投保人在更改处签章。

表3-3　某保险公司的车险投保单

| 投保人 | 投保人名称/姓名 | | | 投保机动车数量 | |
|---|---|---|---|---|---|
| | 联系人姓名 | | 固定电话 | 移动电话 | |
| | 投保人住所 | | | 邮政编码 | |

表 3-3（续）

| 被保险人 | 自然人姓名 | | 身份证号 | | | |
|---|---|---|---|---|---|---|
| | 法人或其他组织名称 | | | | 组织机构代码 | |
| | 纳税人识别号 | | | 完税凭证号 | | |
| | 被保险人单位性质 | □党政机关、团体　□事业单位　□军警（武警）　□使（领）馆<br>□个体、私营企业　□其他企业　□其他 | | | | |
| | 联系人姓名 | | 固定电话 | | 移动电话 | |
| | 被保险人住所 | | | | 邮政编码 | |
| 投保机动车情况 | 被保险人与机动车的关系 | □所有　□使用　□管理 | | 车辆所有人 | | |
| | 号牌号码 | | 号牌底色 | □蓝　□黑　□黄　□白　□白蓝　□其他颜色 | | |
| | 厂牌型号 | | | 发动机号 | | |
| | VIN码 | | | 车架号 | | |
| | 核定载客 | 人 | 核定载质量　kg | 排量/功率 | L/kW | 整备质量　kg |
| | 初次登记日期 | 年　月 | 已使用年限 | 年 | 年平均行驶里程 | 公里 |
| | 车身颜色 | □黑色　□白色　□红色　□灰色　□蓝色　□黄色　□绿色　□紫色<br>□粉色　□棕色　□其他颜色 | | | | |
| | 机动车种类 | □客车　□货车　□客货两用车　□挂车　□低速货车和三轮汽车<br>□摩托车（不含侧三轮）　□侧三轮　□兼用型拖拉机　□运输型拖拉机<br>□特种车（请填用途）：_____ | | | | |
| | 机动车使用性质 | □家庭自用　□非营业用（不含家庭自用）　□出租/租赁　□城市公交<br>□公路客用　□营业性货用 | | | | |
| | 上年是否在本公司投保机动车商业保险 | | | □是　　□否 | | |
| | 行驶区域 | □省内行驶　□场内行驶　□固定路线　具体路线：_____ | | | | |
| | 是否为未还清贷款的车辆 | □是　□否 | | 上一年度交通违法记录 | □有　□无 | |
| | 上年赔偿次数 | □交强险赔款次数_____次　□机动车商业保险赔款次数_____次 | | | | |
| 投保主险条款名称 | | | | | | |

| 指定驾驶人 | 姓名 | 驾驶证号码 | 初次领证时间 |
|---|---|---|---|
| 驾驶人1 | | | _____年_____月_____日 |
| 驾驶人2 | | | _____年_____月_____日 |
| 保险期间 | _____年_____月_____日_____时起至_____年_____月_____日_____时止 | | |

| 投保险种 | 保险金额/责任限额（元） | 保险费（元） | 备注 |
|---|---|---|---|
| □机动车交通事故责任强制保险 | | | |
| □机动车损失保险：新车购置价_____元 | | | |
| □机动车第三者责任保险 | | | |
| □机动车车上人员责任保险　驾驶人 | /次 | | |
| 　乘客人数_____人 | /人·次 | | |
| □附加绝对免赔率特约条款　绝对免赔率： | | | |

表 3-3（续）

| □附加车轮单独损失险 | | | |
|---|---|---|---|
| □附加新增加设备损失险 | | | |
| □附加车身划痕损失险 | | | |
| □附加修理期间费用补偿险 | | | |
| □附加发动机进水损坏除外特约条款 | | | |
| □附加车上货物责任险 | | | |
| □附加精神损害抚慰金责任险 | | | |
| □附加法定节假日限额翻倍险 | | | |
| □附加医保外医疗费用责任险 | | | |
| □附加机动车增值服务特约条款 | | | |
| 保险费合计（人民币大写）： | | （¥： | 元） |
| 特别约定 | | | |
| 保险合同争议解决方案选择 | □诉讼　　□提交＿＿＿＿＿＿＿＿仲裁委员会仲裁 | | |
| 投保人声明：保险人已将投保险种对应的保险条款（包括责任免除部分）向本人做了明确说明，本人已充分理解。上述所填写的内容均属实，同意以此投保单作为订立保险合同的依据。<br>投保人签名/签章：<br>＿＿＿＿年＿＿＿＿月＿＿＿＿日 | | | |
| 验车验证情况 | □已验车　　□已验证　　查验员签名：＿＿＿＿年＿＿＿＿月＿＿＿＿日＿＿＿＿时＿＿＿＿分 | | |
| 初审情况 | 业务来源：□直接业务　□个人代理　□专业代理<br>□兼业代理　□经纪人　□网络/电话业务<br>代理（经纪）人名称：<br>上年度是否在本公司承保：□是　□否<br>业务员签字：　　　　＿＿＿＿年＿＿＿＿月＿＿＿＿日 | 复核意见 | 复核人签字：<br>＿＿＿＿年＿＿＿＿月＿＿＿＿日 |

注：阴影部分内容由保险公司业务人员填写。

### （一）投保人、被保险人情况

投保人、被保险人情况的填写内容和要求如表 3-4 所示。

表 3-4 投保人、被保险人情况的填写内容和要求

| 填写内容 | | 具体要求 |
| --- | --- | --- |
| 投保人情况 | 投保人名称/姓名 | 投保人名称一律填写全称，必须完整、准确，不得使用简称<br>（1）投保人为法人或其他组织时，填写全称（与公章名称一致）<br>（2）投保人为自然人时，填写个人姓名（与投保人有效身份证明一致） |
| | 投保机动车数 | 填写投保人本次投保的所有机动车的辆数 |
| | 联系人姓名 | 填写投保人或投保经办人的姓名 |
| | 固定电话 | 填写投保人或投保经办人的固定电话；投保人为法人或其他组织时，应填写其常用联系电话，严禁用代理人的电话号码代替 |
| | 移动电话 | 填写投保人或投保经办人的手机号码 |
| | 投保人住所 | （1）投保人为法人或其他组织时，填写其主要办事机构所在地<br>（2）投保人为自然人时，填写其常住地址，并精确到门牌号 |
| | 邮政编码 | 填写投保人住所的邮政编码 |
| 被保险人情况 | "自然人""法人或其他组织" | 仅可选择一项。被保险人名称一律填写全称，必须完整、准确，禁止使用简称<br>（1）被保险人是个人时，选择"自然人"，并在其后填写个人姓名（与有效身份证明一致）<br>（2）被保险人是单位时，选择"法人或其他组织"，并在其后填写单位全称（与公章名称一致） |
| | 身份证号码或组织机构代码 | （1）被保险人为自然人时，填写居民身份证号码<br>（2）被保险人为法人或其他组织时，要填写组织机构代码<br>被保险人无居民身份证时，如被保险人为军官、外国籍人员，在投保单特别约定栏内注明被保险人的有效身份证名称、证件号码及被保险人的性别和年龄 |
| | 纳税人识别号 | 填写单位税务登记证上的号码 |
| | 完税凭证号 | 按照完税凭证填写 |
| | 被保险人单位性质 | 被保险人为法人或其他组织时，填写被保险人的单位性质，且只可选择其中一项 |
| | 联系人姓名 | 为方便保险人与被保险人能够及时取得联系，被保险人为法人或其他组织时，应填写被保险人指定的联系人姓名；被保险人为自然人时，应填写被保险人的姓名 |
| | 固定电话 | 填写被保险人常用的固定电话，禁止用代理人的电话代替 |
| | 移动电话 | 被保险人为法人或其他组织时，应填写被保险人指定联系人的手机号码；被保险人为自然人时，应填写被保险人的手机号码 |
| | 被保险人住所 | 被保险人为法人或其他组织时，应填写其主要办事机构所在地；被保险人为自然人时，应填写其常住地址，并精确到门牌号 |
| | 邮政编码 | 填写被保险人住所的邮政编码 |

### （二）投保机动车情况

投保机动车情况的填写内容和要求如表 3-5 所示。

表 3-5 投保机动车情况的填写内容和要求

| 填写内容 | 具体要求 |
| --- | --- |
| 被保险人与机动车的关系 | （1）被保险人与投保机动车的机动车行驶证上载明的车主相同时，选择"所有"<br>（2）被保险人与车主不相符时，据实际情况选择"使用"或"管理" |
| 车辆所有人 | （1）被保险人与机动车的关系为"所有"时，该项可省略不填写<br>（2）被保险人非车主本人时，要填写投保机动车行驶证上载明的车主姓名 |
| 号牌号码 | 填写车辆管理机关核发的号牌号码，即按照投保机动车的机动车行驶证填写 |
| 号牌底色 | 根据投保机动车号牌的底色，选择 5 种颜色中的一种，不能多选 |
| 厂牌型号 | （1）投保机动车的厂牌型号，应同其机动车行驶证上的一致<br>（2）行驶证上的厂牌型号不详细的，应在厂牌型号后注明具体型号<br>（3）进口车按商品检验单、国产车按合格证填写 |
| 发动机号 | 发动机号是机动车的身份证明之一，是生产厂商打印在汽车发动机缸体上的号码。该栏可根据投保机动车的机动车行驶证填写 |
| VIN 码 | 即车辆识别代号，有 VIN 码的车辆必须填写 |
| 车架号 | （1）车架号是机动车的身份证明之一，是生产厂打印在车架上的号码。可根据投保机动车的机动车行驶证填写<br>（2）若机动车无 VIN 码，则必须填写车架号 |
| 核定载客 | 按投保机动车的机动车行驶证上所载明的核定载客人数填写 |
| 核定载质量 | 按投保机动车的机动车行驶证上载明的核定载质量填写，单位为千克（kg） |
| 排量/功率 | （1）排量的单位为升（L）或毫升（mL），在填写投保单时要统一换算为升（L），$1\,000\ mL = 1\ L$<br>（2）功率的单位为千瓦（kW）或马力（hp），在填写投保单时统一换算为千瓦（kW），换算公式为 $1\ hp = 0.75\ kW$ |
| 整备质量 | 即人们常说的空车质量，是指汽车完全装备好的质量，包括润滑油、燃料、随车工具、备胎等所有装置的质量 |
| 初次登记日期 | （1）可根据机动车行驶证上的"登记日期"填写<br>（2）若行驶证上的"登记日期"和初次登记日期不相符，该栏应追溯到真正的初次登记日期再进行填写<br>（3）若确实无法提供初次登记日期，则应如实填写"已使用年限" |
| 已使用年限 | 已使用年限是指车辆自上路行驶至保险期间已经使用的年数，不足一年的不计算 |
| 年平均行驶里程 | 投保机动车从出厂到投保单填写日的实际已行驶的总里程除以已使用年限（不足一年的按一年计算） |
| 车身颜色 | （1）按照车身颜色的主色系填写，如黑、白、红等<br>（2）多颜色车辆，按照面积较大的一种颜色填写<br>（3）若车辆有《机动车登记证书》，则根据其中的"车身颜色"栏目填写<br>（4）若实在无法归入上述色系，才可选择"其他颜色" |
| 机动车种类 | 机动车种类包括客车、货车、客货两用车、挂车等。填写时，仅可选择其中一项，且以行驶证为依据 |
| 机动车使用性质 | 根据机动车实际使用情况选择一项填写。若车辆兼有两种使用性质，则选择费率高的使用性质 |
| 上年是否在本公司投保机动车商业保险 | 若选择"是"，但在业务系统中无法查询到上年的承保记录，则投保人需要提供上年的保险单或保险证的复印件 |
| 行驶区域 | 若选择有"固定路线"，则需注明"具体路线"，不能同时选择"省内行驶"和"固定路线" |

表 3-5（续）

| 填写内容 | 具体要求 |
| --- | --- |
| 是否为未还清贷款的车辆 | 向投保人了解投保机动车是否属于按揭购车，以及投保当时是否仍未还清贷款，若选择"是"，则需增加相应的特别约定内容 |
| 上一年度交通违法记录 | 若投保人或约定的驾驶人在上年发生交通违法行为，则按以下方式填写<br>（1）对于能够提供数据信息的地区，由业务员在填写投保单时通过公安交管部门的信息共享平台获取数据，并告知投保人<br>（2）对于数据信息不能提供支持的地区，应提醒投保人并如实告知 |
| 上年赔款次数 | 对投保机动车上年发生的交强险赔款次数和商业险赔款次数分别填写。续保车辆无须填写 |

### （三）指定驾驶员情况

该项仅适用于家用车，需分别填写指定驾驶人员的姓名、驾驶证号码和初次领证日期。若指定驾驶人员的驾驶证号码与居民身份证号码不相符，应在特别约定栏中注明该驾驶人员的性别。

### （四）保险期间

此项填写保险责任的有效期限。保险单的保险期间原则上为一年，但有以下情形之一的，投保人可以投保短期保险。

（1）境外机动车临时入境的。

（2）机动车距报废期限不足一年的。

（3）机动车临时上道路行驶的。例如，领取临时牌照的机动车、临时提车、到异地办理注册登记的新购机动车等。

（4）经公安车辆管理部门检验合格延期使用的机动车。

（5）规模较大的单位为统一机动车的保险期间的。

（6）银保监会规定的其他情形。

投保人确有即时起保要求的，允许新车及脱保车辆在签单当日即时生效起保，但保单起保时间不得早于保险人接受投保申请的时间和确认全额保费入账的时间。

### （五）投保险种

根据各条款与险种的对应关系，由投保人选择确定。

### （六）保险费合计

保险费合计是指投保人最终交纳的总保险费，即各项投保险种保费之和。

### （七）特别约定

有需要特别约定的事项，按要求填写。

### （八）保险合同争议解决方式选择

保险合同订立以后，双方当事人在履行合同过程中，若产生争议，可通过共同约定的诉讼或提交仲裁机构的方式来解决保险合同争议。

项目三 汽车保险承保实务

 提 示

诉讼是指保险合同当事人的任何一方按法律程序，通过法院对另一方当事人提出权益主张，由人民法院依法定程序解决争议、进行裁判的一种争议解决方式。这也是解决争议最激烈的方式。

仲裁是指由仲裁机构的仲裁员对当事人双方发生的争执、纠纷进行居中调解，并做出裁决。

### （九）投保人签名/签章

投保单必须由投保人亲笔签名或签章后方能生效。

 注 意

车险投保单上的"验车验证情况""初审情况""复审意见"由保险公司业务人员在审核后填写。

## 案例分析

保险公司的业务人员首先应根据投保人的保险需求和经济能力，制订适合投保人的汽车保险方案。案例中，王女士驾龄2年，驾驶经验不足，经济条件中等，加上投保车辆为新车，保险公司人员可为其推荐购买交强险、车损险、第三者责任险、车上人员责任险和附加车身划痕损失险，这一保险方案性价比最高，比较适合王女士。

另外，保险业务人员可向王女士介绍公司的优势，如服务质量较好、规模较大、实力较强等，以增强其在本公司购买保险的信心。最后，告知王女士投保时应出示相关的证件，如车牌、行驶证和车辆检验合格证等，以便其能顺利投保。

任务三 核 保

## 案例导入

最近，孙先生买了一辆东风标致轿车自用，因为汽车必须购买保险，所以他找到某保险公司办理车险业务。在保险公司业务员小周的帮助下，孙先生投保了交强险、车损险和第三者责任险，并填写了投保单。随后，公司核保员小刘对此进行了核查，发现保费计算错误，于是告知王先生需要重新填写投保单，更正保险费。

请思考：

1. 保险公司为什么要进行核保？
2. 核保人员是如何核算保险费的？

# 相关知识

## 一、核保概述

### （一）核保的概念

**核保**是指保险人对投保申请进行审核，决定是否接受承保这一风险，并在接受承保风险的情况下，确定保险费率的过程。

"核保"原为海上保险用语，在最初保险经营时期，其含义为保险业务的经营与承保。后来，随着保险业的发展，核保由参与整个经营活动演变为仅参与部分经营活动，其范围在逐渐缩小，但技术手段在不断提高。目前，核保已发展成为承保业务的核心，核保质量的好坏直接影响保险公司的经营效益。

### （二）核保的原则

（1）**实现长期的承保利润**。为确保公司的长期收益，应杜绝"只重视承保数量，而忽视承保质量"。认真做到全面、细致、严格地核保，争取优质投保业务来承保，确保保险业务健康稳定地发展。

（2）**提供优质的保险服务**。对承保的风险进行专业评估，为客户设计优质的保险方案，确保被保险人所支付的保费可以真实反映风险的大小。

（3）**核保工作规范化**。核保人员应遵守国家的法律法规和市场准则，严格按照保险公司的制度，在权限范围内开展核保工作，实现对业务的规范化管理。

### （三）核保的意义

**1. 防止逆选择，排除经营中的道德风险**

保险公司在经营过程中始终存在一个信息问题，即信息不完整、不精确和不对称的问题。尽管最大诚信原则要求投保人在投保时应履行充分告知的义务，但是事实上始终存在信息的不完整和不精确问题。这可能导致投保人或被保险人的逆选择和道德风险，给保险公司的经营带来巨大的潜在风险。

保险公司建立核保制度，即在承保之前，核保部门资深人员运用专业技术和经验对投保标的进行风险评估，从而最大限度地解决信息不对称的问题，防止逆选择，排除道德风险。

 提 示

> **道德风险**是指从事经济活动的人在最大限度地增进自身效用的同时做出不利于他人的行动。其通常由信息不对称问题引起，具有潜在性、长期性和破坏性等特点。
>
> **逆选择**是指投保人在投保时从自身利益出发，所做的不利于保险人利益的、使其承担过大风险的合同选择，如投保人不足额投保却足额索赔、投保人骗保等。

### 2．确保业务质量，实现经营的稳定

保险公司要想实现经营稳定，必须控制承保业务的质量。但是，随着国内保险市场竞争日趋激烈，保险公司在不断扩大业务的同时，经营风险也在不断增大，主要表现为以下几点。

（1）为了拓展业务而急剧扩充业务人员，但这些新人的素质有限，很难认识和控制承保的质量。

（2）保险公司为了扩大市场占有额，只注重稳定与客户的业务关系，而忽略了业务拓展方面的管理。

（3）保险公司急于拓展新的业务领域，开发出一系列不成熟的新险种，签署了一系列未经详细论证的保险协议，增加了风险因素。

核保可有效控制经营风险，对保险业务的健康发展有重要作用。通过核保，对不同程度的风险进行分类，按不同标准制订费率、承保，从而保证承保业务的质量，维持保险经营的稳定性。

### 3．实现经营目标，确保持续发展

在我国保险市场的发展进程中，保险公司要想在市场上赢得主动，就必须制订自己的市场营销政策，包括选择特定的业务和客户作为自己的主要发展对象，明确对于各类风险的承保态度，明确承保业务的原则、条款、费率等条件。通过核保制度完成风险选择和控制功能，保险公司可以有效地实现既定经营目标，并保持业务的持续发展。

### （四）核保的方式

根据不同的分类标准，核保方式一般可分为**标准业务核保和非标准业务核保、事先核保和事后核保、集中核保和远程核保**等。各保险公司可根据自身的组织结构及经营情况，选择和确定核保方式。

在确定核保方式时不要拘泥于一种方式，可结合投保业务的特点交叉使用多种核保方式。

#### 1．标准业务核保和非标准业务核保

**标准业务**是指常规风险的机动车保险业务。此类风险基本符合车险险种所设定的风险情况，可按照核保手册进行核保。一般标准业务的核保工作由三级核保员完成。

**非标准业务**是指具有较大特殊性风险的业务，这种特殊性主要体现为高风险、情况复杂且保险金额巨大等。核保手册未对此类业务做出明确规定，因此无法完全按照核保手册进行核保，应由二级或者一级核保员进行核保，必要时核保人应向上级核保部门进行请示。非标准业务主要包含的业务如图3-6所示。

核保人员一般分为三个等级：一级核保员、二级核保员、三级核保员。

（1）一级核保员主要负责审核特殊风险业务，包括高价值车辆、特殊车型业务、车队与投保人特别要求的业务。

（2）二级核保员主要负责审核非标准业务，包括保险金额、赔偿限额和免赔额等有特殊要求的业务。

（3）三级核保员主要负责审核常规业务，即可按照投保手册对投保单进行审核的业务。

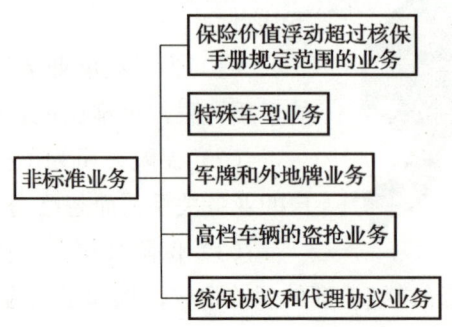

图3-6 非标准业务

### 知识角

**核保手册**又称核保指南，是指保险公司对核保工作的原则、方针政策、条款、费率、核保程序、权限规定等做出明确规定的书面文件。

核保手册是核保工作的主要依据，是实现核保工作的主要手段。核保人员按照统一标准和程序进行核保，以实现核保工作的标准化、规范化和程序化。

#### 2. 事先核保和事后核保

**事先核保**是指投保人提出申请后，核保人员首先对保险标的的风险进行评估和分析，决定是否承保的一种核保方式。在决定接受承保的基础上，根据投保人的具体要求确定费率、保险金额、免赔额等承保条件。这种核保方式主要针对保险标的金额较大、风险较高、承保业务技术比较复杂的业务。

**事后核保**是指核保人员在决定承保之后再对标的的风险进行评估和分析，决定是否承保的一种核保方式。这种核保方式主要针对保险标的金额较小、风险较低、承保业务技术比较简单的业务。

### 提示

对于从人力和经济的角度难以做到事先核保的，保险公司可以采用事后核保的方式。因此，事后核保是对事先核保的一种补救措施。

#### 3. 集中核保和远程核保

**集中核保**是指核保业务不经过分公司，而直接由公司总部集中起来进行审核的一种核保方式。从核保制度发展的进程分析，集中核保的模式代表了核保技术发展的趋势。集中核保能够有效地解决统一标准和规范业务的问题，实现对技术和经验最大限度地利用。但集中核保在实际工作中遇到了经营网点分散、缺乏便捷和高效的沟通渠道等困难。

**远程核保**是指建立区域性的核保中心，通过互联网等现代通信技术，对辖区内的全部业务进行集中核保。这种核保方式不仅能够将核保中心的人员、技术优势利用起来，还能够利用核保中心庞大的数据库，实现资源共享，有利于对经营过程中的管理疏忽及道德风险进行有效防范。

### 视野拓展

#### 车险核保工作现状

近几年，随着保险人经济效益观念和风险控制意识的增强，车险核保日益受到重视。保险人在核保意识、制度建设、岗位设置、人员培训、流程管理等方面都有了较大进步。但总体而言，车险核保水平较低，其作用尚未得到充分有效的发挥，有待进一步完善和加强，主要体现在以下三个方面。

**1）标准化程度低**

核保标准粗放、单一，不够具体明确、针对性不强，未根据险种、客户群体、新保、续保等不同情况和业务类型进行细化，无法满足市场需求。另外，核保中的主观因素占比较大，存在一定的随意性，规范化程度低，不同的核保人员对同一业务可能得到不同的结果。

**2）专业性不强**

（1）部分公司未设立专门的核保岗位和人员；或公司虽已设立专门岗位，但核保人员专业素质、业务精通程度等仍有待提高。

（2）核保工作不独立，实行领导审批制度。

（3）核保的方法和手段落后，未充分借助精算技术、信息网络技术等提高核保水平。

**3）内容简单，环节单一**

目前，核保主要审核保单要素、费率等基本项目，内容简单，部分重要核保内容未得到重视，如损失幅度、损失费率、相关成本费用、自身偿付能力等。另外，许多保险公司的核保工作只限于出单前的一个环节，在业务流程的其他环节基本不存在，或被分散至各环节却未进行有效整合形成体系。

## 二、核保的工作流程

核保的工作流程如图3-7所示，一般先由业务人员初步审核并计算保险费，然后交给专业核保人员核保；专业核保人员根据核保权限进行审核，超越本级核保权限的，报上级公司核保，进而决定是否承保、确定承保条件以及保险费率等。

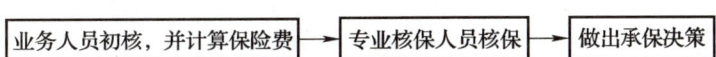

图3-7 核保的工作流程

### （一）审核投保单与查验车辆

业务人员接到投保单以后，按照公司的承保办法决定是否接受该业务。若不属于拒保业务，要立即加盖公章，载明收件日期。

1. 审核投保单

(1) 审查投保单内容是否完整、清晰和准确。

(2) 验证车辆相关证明材料,如机动车行驶证、介绍信等。

(3) 检查投保人称谓与其签章是否一致、与其行驶证标明是否相符。若不符,另需提供其对投保车辆拥有可保利益的书面证明。

审核投保单具体内容如表3-6所示。

表3-6 投保单审核内容

| 投保单审核项 | 审核内容 |
| --- | --- |
| 投保人或被保险人基本情况 | (1) 审核投保人对保险标的是否具有保险利益,一般通过核对行驶证来完成<br>(2) 对投保人及被保险人的信誉进行调查及评估<br>(3) 对于车队业务,保险公司要通过了解企业的性质、是否设有安保部门、经营方式、主要运行线路等分析投保人或被保险人对车辆的管理,及时发现可能存在的经营风险,采取必要的措施降低并控制风险 |
| 保险标的 | 对保险车辆应尽量采用"验车承保"的方式,即了解车辆的使用、管理情况,复印行驶证、购置车辆的完税费凭证,拓印发动机与车辆号码,对于一些高档车辆建立车辆档案 |
| 保险金额 | 根据公司制订的汽车市场价格确定保险金额 |
| 保险费 | 保险费的审核主要分为费率适用的审核和计算的审核 |
| 附加条款 | 对附加条款的适用问题上的风险评估和分析 |

2. 查验车辆

根据投保单、投保单附表和车辆行驶证,对投保车辆进行实际查验,如图3-8所示。具体查验内容如下。

(1) 查验车辆年检是否合格、是否合法及其使用性质。

(2) 查验车体有无受损、车内是否配置消防和防盗装置。

(3) 查验车辆的号码、车型及发动机号、车身颜色、VIN码等是否与机动车行驶证记录一致。

(4) 查验车辆的操作安全性与可靠性是否符合行车要求,重点检查转向、制动、灯光、喇叭、刮水器等。

(5) 查验车辆发动机、车身、底盘、电气等部分的技术情况是否符合《机动车辆安全运行技术条件》的要求。

图3-8 保险人员查验投保车辆

注意在查验车辆时，需对下列机动车进行重点查验。

（1）首次投保车损险及其附加险的机动车。

（2）未按期续保的机动车。

（3）续保时增加投保车损险及其附加险的机动车。

（4）中途申请增加投保车损险及其附加险的机动车。

（5）特种车或发生重大车损事故后修复的机动车。

（6）出险事故率较高的机动车。

（7）新车购置价较高的机动车。

提 示

符合下列条件的机动车可以免检。

（1）仅投保交强险的机动车。

（2）购置时间一个月以内的新车。

（3）按期续保且续保时未加保车损险及其附加险的机动车。

（4）新投保第三者责任险及其附加险的机动车。

（5）同一投保人投保多辆车。具体多车免验标准由各分公司根据该公司的人员数量、人员素质、风险管理等情况自行确定。确定标准时，党政机关、企事业单位车队投保机动车数应大于10辆，营运车队投保机动车数应大于20辆。

### （二）核定保险费

保险公司业务人员根据投保单上所列的车辆情况和机动车保险费率表，逐项确定投保车辆的保险费率。

#### 1. 交强险保费的计算方法

（1）交强险实行统一的保险条款和基础保险费率。2007年，银保监会印发了《机动车交通事故责任强制保险费率浮动暂行办法》（以下简称《暂行办法》）。该《暂行办法》要求，购买交强险时，第一年先实行国家统一的基础保险费率（见表3-7），从第二年续保开始实行保费与交通违法行为、交通事故记录挂钩的"奖优罚劣"的浮动费率机制，逐步实行差异化费率。"奖优罚劣"的浮动费率机制即安全驾驶人可享受优惠的保险费率，经常肇事者将负担高额保费，以促使驾驶人提高道路交通安全意识，预防和减少道路交通事故的发生。

表 3-7 交强险基础保险费率

| 车辆大类 | 序号 | 车辆明细分类 | 保费/元 |
| --- | --- | --- | --- |
| 家庭自用车 | 1 | 家庭自用汽车 6 座以下 | 950 |
| | 2 | 家庭自用汽车 6 座及以上 | 1 100 |
| 非营业客车 | 3 | 企业非营业汽车 6 座以下 | 1 000 |
| | 4 | 企业非营业汽车 6～10 座 | 1 130 |
| | 5 | 企业非营业汽车 10～20 座 | 1 220 |
| | 6 | 企业非营业汽车 20 座以上 | 1 270 |

表 3-7（续）

| 车辆大类 | 序号 | 车辆明细分类 | 保费/元 |
|---|---|---|---|
| 非营业客车 | 7 | 机关非营业汽车 6 座以下 | 950 |
| | 8 | 机关非营业汽车 6~10 座 | 1 070 |
| | 9 | 机关非营业汽车 10~20 座 | 1 140 |
| | 10 | 机关非营业汽车 20 座以上 | 1 320 |
| 营业客车 | 11 | 营业出租租赁 6 座以下 | 1 800 |
| | 12 | 营业出租租赁 6~10 座 | 2 360 |
| | 13 | 营业出租租赁 10~20 座 | 2 400 |
| | 14 | 营业出租租赁 20~36 座 | 2 560 |
| | 15 | 营业出租租赁 36 座以上 | 3 530 |
| | 16 | 营业城市公交 6~10 座 | 2 250 |
| | 17 | 营业城市公交 10~20 座 | 2 520 |
| | 18 | 营业城市公交 20~36 座 | 3 020 |
| | 19 | 营业城市公交 36 座以上 | 3 140 |
| | 20 | 营业公路客运 6~10 座 | 2 350 |
| | 21 | 营业公路客运 10~20 座 | 2 620 |
| | 22 | 营业公路客运 20~36 座 | 3 420 |
| | 23 | 营业公路客运 36 座以上 | 4 690 |
| 非营业货车 | 24 | 非营业货车 2 t 以下 | 1 200 |
| | 25 | 非营业货车 2~5 t | 1 470 |
| | 26 | 非营业货车 5~10 t | 1 650 |
| | 27 | 非营业货车 10 t 以上 | 2 220 |
| 营业货车 | 28 | 营业货车 2 t 以下 | 1 850 |
| | 29 | 营业货车 2~5 t | 3 070 |
| | 30 | 营业货车 5~10 t | 3 450 |
| | 31 | 营业货车 10 t 以上 | 4 480 |
| 特种车 | 32 | 特种车一 | 3 710 |
| | 33 | 特种车二 | 2 430 |
| | 34 | 特种车三 | 1 080 |
| | 35 | 特种车四 | 3 980 |
| 摩托车 | 36 | 摩托车 50 CC 及以下 | 80 |
| | 37 | 摩托车 50~250 CC（含） | 120 |
| | 38 | 摩托车 250 CC 以上及侧三轮 | 400 |
| 拖拉机 | 39 | 兼用型拖拉机 14.7 kW 及以下 | 按保监产险〔2007〕53 号实行地区差别费率 |
| | 40 | 兼用型拖拉机 14.7 kW 以上 | |
| | 41 | 运输型拖拉机 14.7 kW 及以下 | |
| | 42 | 运输型拖拉机 14.7 kW 以上 | |

注：① 座位和吨位的分类都按照"含起点不含终点"的原则来解释。

② 特种车一：油罐车、汽罐车、液罐车。特种车二：专用净水车、特种车一以外的罐式货车，以及用于清障、清扫、清洁、起重、装卸、升降、搅拌、挖掘、推土、冷藏、保温等的各种专用机动车。特种车三：装有固定专用仪器设备从事专业工作的监测、消防、运钞、医疗、电视转播等的各种专用机动车。特种车四：集装箱拖头。

③ 挂车根据实际的使用性质，按照对应吨位货车的 30% 计算。

④ 低速载货汽车参照运输型拖拉机 14.7 kW 以上的费率执行。

（2）2020年9月19日，在银保监会的指导下，中国保险行业协会印发了《机动车交通事故责任强制保险新费率浮动系数方案》，对交强险费率浮动比率进行了调整和优化，引入区域浮动因子，将原来全国统一的费率浮动比率调整为区域费率浮动比率。浮动比率中的上浮最大保持30%不变，下浮由原来最低的-30%扩大到-50%，提高了对未发生赔付消费者的费率优惠幅度。

调整后的区域费率浮动比率如下。

① 内蒙古、海南、青海、西藏4个地区实行费率调整方案A，如表3-8所示。

② 陕西、云南、广西3个地区实行费率调整方案B，如表3-9所示。

③ 甘肃、吉林、山西、黑龙江、新疆5个地区实行费率调整方案C，如表3-10所示。

④ 北京、天津、河北、宁夏4个地区实行费率调整方案D，如表3-11所示。

⑤ 江苏、浙江、安徽、上海、湖南、湖北、江西、辽宁、河南、福建、重庆、山东、广东、深圳、厦门、四川、贵州、大连、青岛、宁波20个地区实行费率调整方案E，如表3-12所示。

表3-8 费率调整方案A

| | | 浮动因素 | 浮动比率 |
|---|---|---|---|
| 与道路交通事故相联系的浮动方案A | A1 | 上一个年度未发生有责任道路交通事故 | -30% |
| | A2 | 上两个年度未发生有责任道路交通事故 | -40% |
| | A3 | 上三个及以上年度未发生有责任道路交通事故 | -50% |
| | A4 | 上一个年度发生一次有责任不涉及死亡的道路交通事故 | 0% |
| | A5 | 上一个年度发生两次及两次以上有责任道路交通事故 | 10% |
| | A6 | 上一个年度发生有责任道路交通死亡事故 | 30% |

表3-9 费率调整方案B

| | | 浮动因素 | 浮动比率 |
|---|---|---|---|
| 与道路交通事故相联系的浮动方案B | B1 | 上一个年度未发生有责任道路交通事故 | -25% |
| | B2 | 上两个年度未发生有责任道路交通事故 | -35% |
| | B3 | 上三个及以上年度未发生有责任道路交通事故 | -45% |
| | B4 | 上一个年度发生一次有责任不涉及死亡的道路交通事故 | 0% |
| | B5 | 上一个年度发生两次及两次以上有责任道路交通事故 | 10% |
| | B6 | 上一个年度发生有责任道路交通死亡事故 | 30% |

表3-10 费率调整方案C

| | | 浮动因素 | 浮动比率 |
|---|---|---|---|
| 与道路交通事故相联系的浮动方案C | C1 | 上一个年度未发生有责任道路交通事故 | -20% |
| | C2 | 上两个年度未发生有责任道路交通事故 | -30% |
| | C3 | 上三个及以上年度未发生有责任道路交通事故 | -40% |
| | C4 | 上一个年度发生一次有责任不涉及死亡的道路交通事故 | 0% |
| | C5 | 上一个年度发生两次及两次以上有责任道路交通事故 | 10% |
| | C6 | 上一个年度发生有责任道路交通死亡事故 | 30% |

表 3-11　费率调整方案 D

| 浮动因素 | | | 浮动比率 |
| --- | --- | --- | --- |
| 与道路交通事故相联系的浮动方案 D | D1 | 上一个年度未发生有责任道路交通事故 | -15% |
| | D2 | 上两个年度未发生有责任道路交通事故 | -25% |
| | D3 | 上三个及以上年度未发生有责任道路交通事故 | -35% |
| | D4 | 上一个年度发生一次有责任不涉及死亡的道路交通事故 | 0% |
| | D5 | 上一个年度发生两次及两次以上有责任道路交通事故 | 10% |
| | D6 | 上一个年度发生有责任道路交通死亡事故 | 30% |

表 3-12　费率调整方案 E

| 浮动因素 | | | 浮动比率 |
| --- | --- | --- | --- |
| 与道路交通事故相联系的浮动方案 E | E1 | 上一个年度未发生有责任道路交通事故 | -10% |
| | E2 | 上两个年度未发生有责任道路交通事故 | -20% |
| | E3 | 上三个及以上年度未发生有责任道路交通事故 | -30% |
| | E4 | 上一个年度发生一次有责任不涉及死亡的道路交通事故 | 0% |
| | E5 | 上一个年度发生两次及两次以上有责任道路交通事故 | 10% |
| | E6 | 上一个年度发生有责任道路交通死亡事故 | 30% |

交强险最终保费的计算公式为

$$交强险最终保费 = 交强险基础保费 \times (1 + 与道路交通事故相联系的浮动比率\ X)$$

$X$ 取方案 A、B、C、D、E 之一中对应的值

（3）投保交强险不足一年的，按短期月费率（见表 3-13）收取短期保险费，计算公式为

$$短期保险费 = 年基础保险费 \times 短期月费率$$

表 3-13　短期月费率

| 保险期间（月） | 1 | 2 | 3 | 4 | 5 | 6 | 7 | 8 | 9 | 10 | 11 | 12 |
| --- | --- | --- | --- | --- | --- | --- | --- | --- | --- | --- | --- | --- |
| 短期月费率 | 10% | 20% | 30% | 40% | 50% | 60% | 70% | 80% | 85% | 90% | 95% | 100% |

注：保险期间不足一个月的部分，按一个月计算。

**2．商业险保费的计算方法**

（1）车损险。

① 当投保时被保险机动车的实际价值等于新车购置价减去折旧金额时，根据车辆使用性质、车辆种类、车型名称、车型编码、车辆使用使用年限所属档次，直接查询基准纯风险保费。

② 当投保时被保险机动车的实际价值不等于新车购置价减去折旧金额时，考虑实际价值差异的车损险基准纯风险保费的计算公式为

考虑实际价值差异的车损险基准纯风险保费 = 直接查找的车损险基准纯风险保费 +（协商确定的机动车实际价值 – 新车购置价减去折旧金额后的机动车实际价值）× 0.09%

③ 若投保时约定绝对免赔额，可按照选择的免赔额、车辆使用年限和实际价值查找费率折扣系数，约定免赔额之后车损险基准纯风险保费的计算公式为

约定免赔额之后车损险基准纯风险保费 = 考虑实际价值差异的车损险基准纯风险保费 × 费率折扣系数

（2）第三者责任险。根据车辆使用性质、车辆种类和责任限额，直接查询基准纯风险保费。

（3）车上人员责任险。根据车辆使用性质、车辆种类、驾驶人/乘客查询纯风险费率，计算公式为

驾驶人基准纯风险保费＝每次事故责任限额×纯风险费率

乘客基准纯风险保费＝每次事故每人责任限额×纯风险费率×投保乘客座位数

> **注　意**
>
> 座位数以行驶证所载明的座位数为限，因为驾驶人座风险系数高于乘客座，所以驾驶人纯风险费率高于乘客，在计算保费时，应分别计算。

（4）附加绝对免赔率特约条款。根据绝对免赔率查询附加比例，计算公式为

基准纯风险保费＝机动车主险基准纯风险保费×附加比例

（5）附加车轮单独损失险。各公司根据具体情况自行制订车辆使用性质的纯风险费率，计算公式为

基准纯风险保费＝保险金额×纯风险费率

（6）附加新增加设备损失险。根据车辆使用性质查询调整系数，计算公式为

基准纯风险保费＝保险金额×车损险基准纯风险保费/车损险保险金额/调整系数

（7）附加车身划痕损失险。根据车辆使用年限、新车购置价、保险金额所属档次，直接查询基准纯风险保费。

（8）附加修理期间费用补偿险。计算公式为

基准纯风险保费＝约定的最高赔偿天数×约定的最高日责任限额×纯风险费率

（9）附加发动机进水损坏除外特约条款。根据地区及车辆使用性质查询附加比例，计算公式为

基准纯风险保费＝车损险基准纯风险保费×附加比例

（10）附加车上货物责任险。根据营业货车、非营业货车查询纯风险费率，计算公式为

基准纯风险保费＝责任限额×纯风险费率

（11）附加精神损害抚慰金责任险。计算公式为

基准纯风险保费＝每次事故责任限额×纯风险费率

（12）附加法定节假日限额翻倍险。根据车辆使用性质、车辆种类、基础责任限额和翻倍责任限额，直接查询基准纯风险保费。

（13）附加医保外医疗费用责任险。各公司根据具体情况自行制订基准纯风险保费。

（14）附加机动车增值服务特约条款。各公司根据具体情况自行制订基准纯风险保费。

### （三）专业核保人员核保

业务人员提交核保申请以后，需要核保人进行核保，以决定是否承保，并确定承保条件与保险费率，对于超出本级核保权限的需要报上级公司核保。

#### 1. 本级核保

本级核保主要是对单证内容、保险价值、保险金额、费率标准和保费计算方法等进行复核，主要审核以下内容。

（1）审核保险单是否按照规定内容与要求填写，有无疏漏。

（2）审核保险价值与保险金额是否合理、适用的费率和计收保费是否正确。

（3）审核业务人员或代理人是否对投保车辆进行了验车、验证，是否按照《保险法》的要求向投保人履行告知义务，对特别约定的事项是否在特约栏内注明。

（4）对高发事故和风险集中的投保单位，是否提出了限制性的承保条件。

（5）费率表中没有列明的车辆，是否提出了费率厘定的意见。

（6）审核其他相关情况。

### 2. 上级核保

如果工作人员对其中内容有异议，或遇到非标准核保业务，则需提交上级进行核保。上级公司接到请示公司的核保申请后，应该有重点地开展核保工作，主要审核以下内容。

（1）根据掌握的情况考虑能否承保。

（2）接受投保的险种、保险金额、赔偿限额是否需要限制和调整。

（3）是否需要增加特别约定。

（4）投保单是否符合保险监管部门的有关规定。

上级核保后，应签署明确的意见并立即返回请示公司。

### （四）做出承保决策

核保人员根据保险标的的性质做出承保决策。对于拒绝承保的，保险公司要及时向投保人发出拒保通知；对于接受承保的，核保人员将核保单、核保意见一并转业务内勤，据此缮制保险单证。

## 案例分析

> 通过核保，保险公司可对保险标的风险进行评估，确定该投保是否符合保险公司的承保条件，从而保证承保业务的质量，确保保险公司稳定且持续发展。
>
> 保险公司业务人员根据投保单上所列的车辆情况和机动车保险费率表，逐项确定投保车辆的保险费率，并通过计算公式计算保险费。

## 任务四　保险单证的签发、批改与续保

## 案例导入

> 2017年4月，某实业公司为其一辆轿车，在保险公司投保了交强险、车损险和第三者责任险，保险期限为一年。同年9月，该实业公司将车转让给秦先生，并办理了过户手续。一个月后，秦先生的朋友老冯驾车外出，与另一辆车相撞。经交通运输部门认定，老冯应对事故负全部责任。
>
> 2018年3月，该实业公司和秦先生一起向保险公司提出索赔，并出具该车在车管所的过户证明。但保险公司提出，被保险人转让车辆，却未申请办理批改业务，所以拒绝赔偿。双方闹至法院，经审理，法院最终支持了保险公司的决定。
>
> 请思考：
>
> 1. 为什么保险公司最后没有进行赔偿？
>
> 2. 如何办理批改手续？

# 项目三 汽车保险承保实务

## 相关知识

### 一、保险单证的签发

保险单或保险凭证是订立保险合同、载明保险合同双方当事人权利和义务的书面凭证，是被保险人向保险人索赔的主要依据。因此，缮制保险单证工作质量的优劣，往往直接影响机动车辆保险合同能否顺利履行。保险人员必须能够准确缮制保险单证，并按照规范的操作程序完成签发保险单证的工作。

#### （一）保险单证的类型

汽车保险单证主要包括投保单、保险单、保险证（卡）、批单、保险费发票。

- **保险单**也叫**保险单正本**，简称**保单**，是保险公司与被保险人订立保险合同的正式书面证明，是保险合同成立的证明。保险单由保险公司出具，主要载明保险公司与被保险人之间的权利、义务关系。它是被保险人向保险公司进行索赔的凭证。
- **保险证（卡）**是指由保险公司签发给保户的、记载保险单正本中的主要内容、供保户随身携带的卡片式的简单凭证，如图3-9所示。
- **批单**是指为变更保险合同的内容，保险公司出具给被保险人的补充性的书面说明。批单将在下一小节详细介绍。
- **保险费发票**是指保险费讨讫的凭证，为税务局监制的正式发票，如图3-10所示。

图3-9 保险证

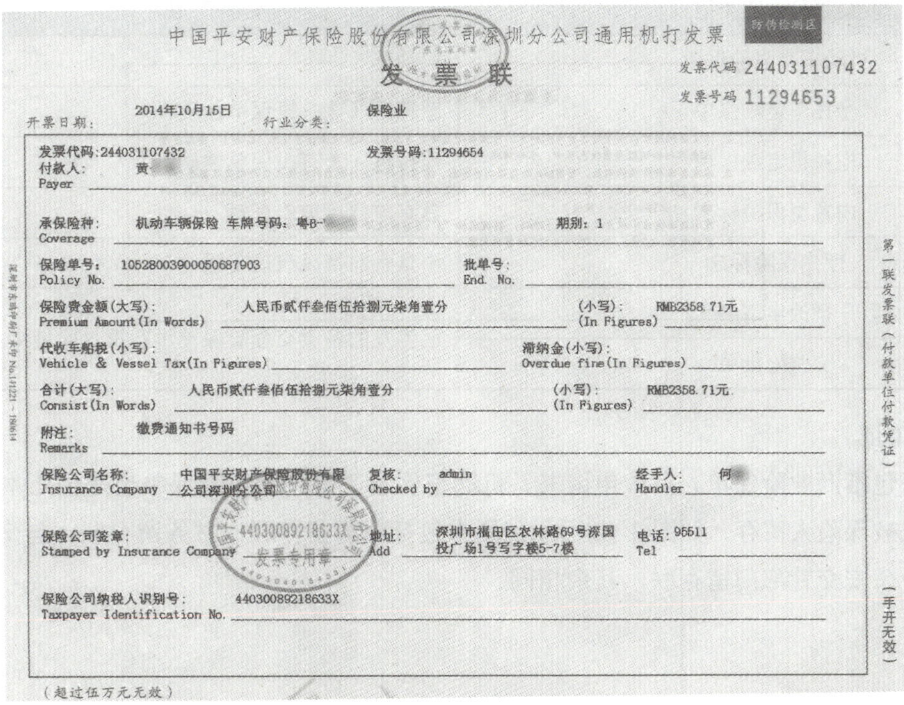

图3-10 保险费发票

根据车险险种的不同，保险单证可分为交强险单证和商业险单证。

1. 交强险单证

交强险单证是由投保人与保险公司签订的，证明强制保险合同关系存在的法定证明文件，由银保监会监制，全国统一式样。

交强险保单分为交强险保单、定额保单及批单三种。除摩托车和农用拖拉机使用定额保险单以外，其余投保车辆必须使用交强险保单。定额保单是指事先确定好保额的一种保险单。定额保单使用方便，特别是经代理渠道承保的业务，定额保单更能体现其优势。

交强险保单和定额保单都是由正本和副本组成的。其中，正本由投保人或被保险人留存，如图3-11所示；副本包括业务留存联、财务留存联和公安交管部门留存联。业务留存联和财务留存联由保险公司留存；公安交管部门留存联由保险公司加盖印章后交投保人或被保险人，由其在注册登记或检验时提交公安交管部门留存。

> 提示
>
> 已经建立车险信息平台并实现与公安交管部门互联的地区，可根据当地的统一要求，不使用公安交管部门留存联。已实现"见费出单"的地区或公司，可不使用财务留存联。

交强险标志分为内置型和便携型。若车辆具有前挡风玻璃，则投保车辆应使用内置型；若车辆不具有前挡风玻璃，则投保车辆应使用便携型。无风窗玻璃的摩托车、拖拉机和挂车可签发便携式保险标志。

交强险单证及其使用范围如表3-14所示。

表3-14 交强险单证及其使用范围

| 交强险单证类型 | 使用范围 |
| --- | --- |
| 机动车交强险保单 | 机动车 |
| 摩托车定额保单 | 摩托车（兼有投保单性质） |
| 拖拉机定额保单 | 拖拉机（兼有投保单性质） |
| 内置型保险标志 | 具有前挡风玻璃车辆 |
| 便携保险标志 | 不具有前挡风玻璃车辆 |
| 批改申请书 | 已签发的各类交强险保单进行批改时使用 |
| 交强险批单 | |

2. 商业险单证

商业险单证包括商业险保单、批改申请书、机动车保险证等。商业险保单也是由正本和副本组成的。正本由投保人或被保险人留存，如图3-12所示；副本包括业务留存联、财务留存联。与交强险保单相比，商业险保单缺少公安交管部门留存联，其余相同。

中国银行保险监督管理委员会监制 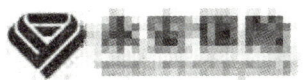 限在 河北省 销售

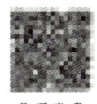

## 机动车交通事故责任强制险保险单
（电子保单）

| 归档流水号： | | 支付确认时间：2022-01-22 15:40:43 |
|---|---|---|
| 投保确认码： | | 保单生成时间：2022-01-22 15:40:43 |
| | | 业务来源：专业代理 |
| | | 保险单号： |

| 被保险人 | | | | | |
|---|---|---|---|---|---|
| 被保险人身份证号码（统一社会信用代码） | | | | | |
| 地　　址 | | | | 联系电话 | |

| 被保险机动车 | 号牌号码 | | 机动车种类 | 六座以下客车 | | |
|---|---|---|---|---|---|---|
| | 厂牌型号 | | 识别代码（车架号） | | | |
| | | | 使用性质 | 家庭自用汽车 | | |
| | 发动机号码 | | 核定载客 | 5 人 | 核定载质量 | 0千克 |
| | 排量 | 1395毫升 | 功　率 | --KW | 登记日期 | 2018-02-06 |

| 责任限额 | 死亡伤残赔偿限额 | 180000 元 | 无责任死亡伤残赔偿限额 | 18000 元 |
|---|---|---|---|---|
| | 医疗费用赔偿限额 | 18000 元 | 无责任医疗费用赔偿限额 | 1800 元 |
| | 财产损失赔偿限额 | 2000 元 | 无责任财产损失赔偿限额 | 100 元 |

与道路交通安全违法行为和道路交通事故相结合的浮动比率　0.00　　　　　　　　　　　　　　　　　　　　　%

保险费合计（人民币大写）：　玖佰伍拾元整　　　　　　　　（¥：950.00　元）其中救助基金（2.0 %）¥：19.00 元

保险期间自　2022年2月6日0时0分　起至　2023年2月6日0时0分　止

保险合同争议解决方式　　诉讼

| 代收车船税 | 整备质量 | 1395千克 | | 纳税人识别号 | | |
|---|---|---|---|---|---|---|
| | 当年应缴 | ¥ 150.00 元 | 往年补缴 | ¥ 0.00 元 | 滞纳金 | ¥ 0.00 元 |
| | 合计（人民币大写）：壹佰伍拾元整 | | | | （¥：150.00 元） | |
| | 完税凭证号（减免税证明号） | | | 开具税务机关 | 国家税务总局河北省税务局 | |

| 特别约定 | 1. 本保单车辆发生保险事故时，对事故车辆保险公司可以不限于实物的方式进行赔付。 2. 我公司最近季度的偿付能力信息请详见我公司官网。 3. 本保单系一次性打印，涂改无效。 |
|---|---|

| 重要提示 | 1、请详细阅读保险条款，特别是责任免除和投保人、被保险人义务。<br>2、收到本保险单后，请立即核对，如有不符或疏漏，请及时通知保险人并办理变更或补充手续。<br>3、保险费应一次性交清，请您及时核对保险单和发票（收据），如有不符，请及时与保险人联系。<br>4、投保人应如实告知对保险费计算有影响的或被保险机动车因改装、加装、改变使用性质等导致危险程度增加的重要事项，并及时通知保险人办理批改手续。<br>5、被保险人应当在交通事故发生后及时通知保险人。 |
|---|---|

| 保险人 | 公司名称： | | | |
|---|---|---|---|---|
| | 公司地址： | | | |
| | 邮政编码：071000 | 服务电话：95502 | 签单日期：2022-01-22 | （保险人签章） |
| 核保：自动核保 | | 制单： | | |

图 3-11　交强险保单

图 3-12　商业险保单

商业险单证及其使用范围如表 3-15 所示。

表 3-15 商业险单证及其使用范围

| 商业险单证类型 | 使用范围 |
| --- | --- |
| 机动车商业保险保单 | 机动车 |
| 摩托车商业保险定额保单 | 摩托车（兼有投保单性质） |
| 拖拉机商业保险定额保单 | 拖拉机（兼有投保单性质） |
| 机动车保险证 | 机动车 |
| 批改申请书 | 已签发的商业险保单进行批改时使用 |
| 机动车辆保险批单 | |

资料卡

《保险法》第十三条规定："投保人提出保险要求，经保险人同意承保，保险合同成立。保险人应当及时向投保人签发保险单或者其他保险凭证。"

### （二）签发保险单的工作流程

保险单的签发包括缮制保单、复核保单、收取保费、签发保险单证、保险单证的补录以及保险单证的清分与归档，其流程如图 3-13 所示。

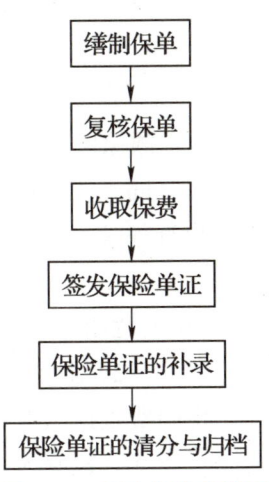

图 3-13 保险单签发流程

#### 1. 缮制保单

保险公司业务内勤接到投保单及其附表后，根据核保人的意见，开展缮制保单工作。原则上，保单应由计算机出具，如无计算机设备，必须由手工出具的，必须得到上级单位的书面同意。

注 意

缮制保险单时应注意以下几点。

（1）双方协商并在投保单上填写的特别约定内容，应完整地在保险单对应栏目内载明。如果核保有新的意见，应该根据核保意见修改或增加。

（2）无论是主车和挂车一起投保，还是挂车单独投保，挂车都必须单独出具具有独立保险单号码的保单。当主车和挂车一起投保时，可以参照多车承保方式处理，给予一个合同号。

（3）特约条款和附加条款应印在或加贴在保单正本背面，加贴的条款应加盖骑缝章。责任免除、被保险人义务和免赔等规定的印刷字体，应与其他内容的字体不同，以提醒被保险人注意阅读。

### 2. 复核保单

复核人员接到保单、投保单及其附表后，应认真对照复核。经复核无误后，复核人员在保单"复核"处签章。

### 3. 收取保费

经复核保单无误后，财务人员向投保人核收保费，并在发票上加盖专用章。

### 4. 签发保险单证

机动车保险合同实行一车一单（保险单）和一车一证（保险证）制度。投保人交纳保险费后，业务人员在保单上注明公司名称、详细地址、邮政编码及联系电话，加盖保险公司业务专用章，参照保险单填写《汽车保险证》并加盖业务专用章，所填内容应与保险单有关内容一致，险种一栏填写总险种代码，电话一栏填写公司报案电话，所填内容禁止涂改。

签发单证时，交由被保险人收执保存的单证包括保险单正本、保险费收据（保户留存联）、汽车保险证。对已经同时投保交强险、车损险、第三者责任险、车上人员责任险的投保人，还应签发事故伤员抢救费用的担保卡，同时做好登记。

### 5. 保险单证的补录

手工出具的汽车保险单、提车暂保单及其他定额保单，必须按照所填内容录入到保险公司的计算机车险业务数据库中，补录内容必须完整准确，补录时间不能超过出单后的第10个工作日。单证补录必须由专人完成、专人审核，业务内勤和经办人不得自行补录。

### 6. 保险单证的清分与归档

（1）业务人员将投保单的附表粘贴在投保单的背面，并在投保单及其附表上加盖骑缝章。

（2）业务人员对投保单及其附表、保险单及其附表、保险费收据、保险证等按照下列顺序进行清理归类。

◇ **投保人留存的单证**：保险单正本及条款、保险费收据（第二联）、保险证、交强险标志、保险单附表、特别约定清单、新增设备明细表。

◇ **业务部门留存的单证**：保险单副本、投保单及附表、保险费收据。

◇ **财务部门留存的单证**：保险单副本、保险费收据（会计留存联）。

留存业务部门的单证，应由专人保管并及时整理、装订、归档。留存的单证按照"保险费收据→保险单副本→投保单及其附表→其他材料"的顺序整理，并按流水号顺序装订成册，在规定时间内移交档案部门归档。

## 二、保险单证的批改

### （一）批改的概念

**批改**是指在保险单签发以后，对保险单的一些内容进行修改或增减。经批改后所签发的书面证明称为**批单**。批改后的结果通常用批单表示，如图3-14所示。

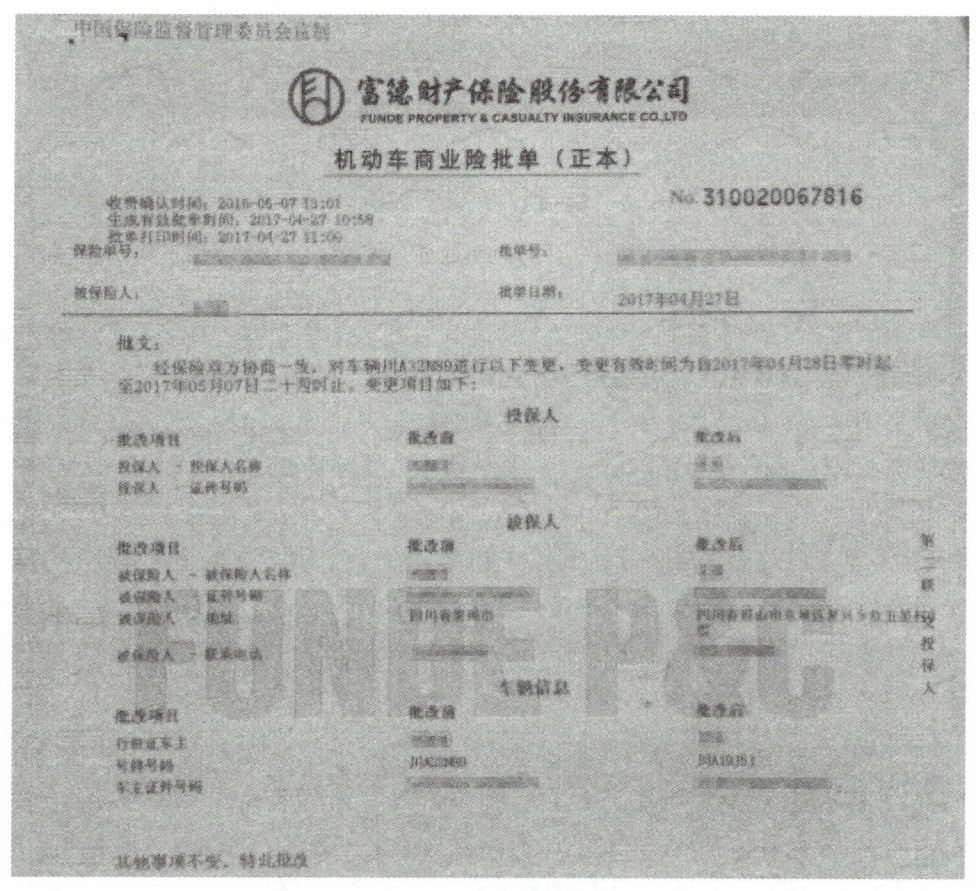

图3-14 交强险批单

> **注意**
>
> 当汽车保险合同生效后，若保险汽车的所有权发生变化，则汽车保险合同是否继续有效，取决于申请批改的情况。若投保人或被保险人申请批改，保险人经过必要的核保，签发批单同意，则原汽车保险合同继续有效。若投保人或被保险人没有申请批改，汽车保险不能随着保险汽车的转让而自动转让，汽车保险合同也不能继续生效。

### （二）批改的内容

《机动车辆保险条款》规定："在保险合同有效期内，保险车辆转卖、转让、赠送、变更用途或增加危险程度，被保险人应当事先书面通知保险人并申请办理批改。"

下列情况发生变化时，被保险人都需申请办理批改手续。

(1) 保险人变更。

(2) 被保险人变更。

(3) 增减或变更约定驾驶人员。

(4) 保险车辆使用性质变更、危险程度增减。

(5) 增减投保车辆。

(6) 车辆种类或厂牌型号变更。

(7) 增减或变更保险种类。

(8) 调整保险金额或责任限额。

(9) 保险费变更。

(10) 保险期间变更。

### 小案例

> 南昌市民殷先生购买了一辆新车，并在一家保险公司购买了车损险、第三者责任险，也及时向保险公司交付了保费。后来，殷先生觉得这辆车开起来不太顺手，便将其转让给了朋友李某，并在南昌车管所办理了过户手续。不料刚过一个月，李某驾驶该车与另一货车相撞，经修理厂维修评估，两辆事故车的修理费分别为8 000元和5 000元。东湖交警部门经对事故现场勘察后，认定李某负事故全部责任。
>
> 为此，殷先生与李某一起向保险公司提出索赔申请，并出具了该车在车管所办理转移登记的证明。不料，保险公司以保险车辆已经转让但未申请办理保险批改手续为由，向被保险人发出拒赔通知书。保险公司给出的理由是："由于车辆转让后被保险人未向保险公司申请办理保险批改手续，该车保险合同从保险车辆过户转让之日起失效。"

### （三）批改的规则

(1) 投保人申请批改保单信息时，应提交带有投保人签字（签章）的批改申请书，且其内容要合法、合规，批改事项不与保险合同冲突。针对不同的批改类型，客户需提供报废证明、报停证明、过户证明、行驶证、单位证明、协议、身份证、上年保单等。

(2) 批单必须在保单有效期内进行批改，禁止倒签单或对已到期保单进行批改，如批改生效日期早于批改录入日期等。

(3) 严禁违规进行保费批退。

(4) 严禁无理由进行保单批改。

(5) 不可进行保险标的批改，如同时或先后人为批改发动机号、车架号、牌照号等。

(6) 减少保险责任时计算退费的日期应从批改生效日开始。

(7) 批文要与所作的批改相对应，不得在批文中任意增加与批改内容无关的描述。

(8) 办理分保业务、批改涉及保费变更的应上报两核中心及再保部、计财部。

**注 意**

一般情况下批改不需要验车，但以下几种情况下需验车后才能进行批改。

（1）保险期限内增加保险责任的业务。

（2）保险期限内增加保额和赔偿限额的业务。

（3）加保4S店维修的业务。

（4）其他核保员要求进行验车的业务。

### （四）批改的方式

保险单的批改一般有以下两种方式。

（1）在原保险合同上进行批改。

（2）在新出具的批单上进行批改。将新批单附贴在原保险单正本、副本上并加盖骑缝章，使其成为保险合同的一部分。在实际工作中大都采用此种方式。

## 三、续保

### （一）续保的概念

**续保**是指保险期满以后，投保人在同一保险人处重新办理车险事宜。续保在车险业务中占相当大的比例，做好续保工作对巩固保险业务来源十分重要。

为避免原保险到期之后至续保之前这段时间发生事故，续保手续一般在原保险到期前一个月开始办理。在续保通知书内应注明："出单前，如有保险责任事故发生，应重新计算保险费。全年无保险责任事故发生，可享受无赔款优待"等字样。

续保的流程如图3-15所示。

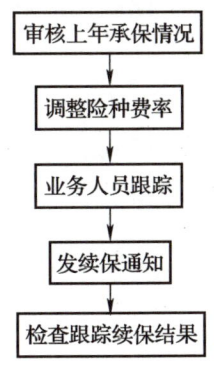

图3-15　续保流程

**小案例**

**案例1**：南昌一辆8万元的雪佛兰撞了一辆近800万元的进口宾利轿车，雪佛兰车主因未按期续保，需自掏16万元车辆维修费，得知赔偿总额后，该车主当场哽咽不止。

**案例2**：2016年6月，王小姐购买了一辆新车。一年后，因为工作比较繁忙，各种各样的事情也很多，王小姐便忽略了续保的事，再加上心存侥幸，认为就算到期之后拖几天也没什么事，因此就没有及时续保。不料，没过几天，王小姐开车便出了意外，其负事故的主要责任，损失很大。

上述类似案例很多，究其原因，投保人和保险人均负有一定的责任，即除了投保人应及时续保外，保险公司也要在车险即将到期前，发出续保通知，督促其尽快办理续保手续。

### （二）续保所需资料

投保人办理续保业务应到上一年度机动车辆保险单的出单地点（如保险公司或其分公司）办理，而保险代办点不得出单。在办理续保时，投保人应提供以下单据。

（1）上一年度的机动车辆保险单。

（2）经交通管理部门核发并检验合格的保险车辆的行驶证和车牌号。

（3）缴纳所需的保险费（保险金额和保险费需重新确定）。

车险续保

### （三）无赔款优待

**1. 无赔款优待的定义**

**无赔款优待**是指保险车辆在上一保险期限内无赔款，续保时可享受因无赔款而减收保险费的优待。

为了鼓励被保险人及其驾驶人严格遵守交通法律、法规，安全行车，认真履行防灾减损义务，减少和避免保险事故，我国机动车辆保险条款规定了无赔款优待条款。

 **资料卡**

《交强险条例》第八条明确指出："被保险机动车没有发生道路交通安全违法行为和道路交通事故的，保险公司应当在下一年度降低其保险费率。"

**2. 无赔款优待的条件**

享受无赔款优待需满足以下3个条件。

**1) 保险期限必须满1年**

享受无赔款优待实际上是对被保险人上一保险年度安全行驶的奖励，中途退保者不能享受。

**2) 保险期限内无赔款**

无赔款的条件包括保险车辆投保的所有险种或险别，即车辆同时投保车损险、交强险及附加险的，只要其中有任何一个险种或险别发生赔款，就不能给予无赔款优待。

### 3）按期续保

这一条件包含两层意思：① 享受无赔款优待的时间必须是在投保人办理续保时，绝不能变相用于销售时的"返佣"；② 享受无赔款优待的范围必须是续保的险种或险别。上年度投保而本年度未续保的或本年度新投保的，均不得享受无赔款优待。

### 3. 注意事项

保险车辆续保进行无赔款优待时，需注意以下几点。

（1）无论机动车辆连续几年无事故，无赔款优待标准一律按 10%计算。

（2）如果续保的险种与上年度相同，但投保金（限）额不同，则以本年度投保金（限）额对应的应交保费为基础计算无赔款优待。

（3）被保险人的投保车辆不止一辆的，按车辆分别计算。

（4）从其他保险公司（含本公司其他分支机构）转来续保的车辆，无赔款优待应根据投保人提供的转保车辆上年度的无赔款有效证明来计算。

（5）对提前续保或已续保后，被保险人又要求增加续保险别但未发生过任何赔款的，仍可按条款规定给予无赔款优待。

（6）如果被保险人在续保时享受了无赔款优待，但事后发现在上一保险期内发生过赔案或期满后补报赔案，保险人应出具批单追回或再次支付赔款时扣除已享受的无赔款优待金额。

（7）在上一年保险期内，发生过赔案（包括未决的赔案）的，不能享受无赔款优待，除非被保险人注明放弃赔款请求。

（8）在上一年保险期内保险车辆发生所有权转移却未办理批改的，不能享受无赔款优待。

（9）保险单期满后已脱保的，不能享受无赔款优待。

# 案例分析

（1）《保险法》规定，投保人对保险标的应当具有保险利益。投保人对保险标的不具有保险利益的，保险合同无效。本案中，实业公司在保险合同有效期内，将保险车辆过户转让给秦先生，车辆所有权发生转移。保险事故发生时，实业公司对保险车辆不再具有保险利益，其再向保险公司索赔就没有依据了。

此外，《保险法》还规定，保险标的转让应及时通知保险人，经保险人同意继续承保后，依法变更合同。换句话说，保险标的转让应当办理保险批改手续。否则，自保险标的转让之日起，保险合同无效，保险人有权解除合同或拒绝赔偿。

（2）若想保险合同继续有效，原投保人应在转让保险标的时，及时通知保险公司对保单进行批改。批改的一般程序为：由原投保人书面通知保险公司，经保险公司同意后，由其对原保单加批单修改投保人名称，批改完成后原保险合同解除，新保险合同成立。

# 项目情景演练

## 一、情景描述

刘毅是一名互联网公司的程序员，30岁，有3年的驾龄。他购买了一辆价值24万的帕萨特轿车自用，除了上下班使用外，还常常和朋友一起驾车出游。

张毅经济条件较好，希望投一些对自己的爱车有更多保障的险种。保险公司业务员唐欣了解张毅的基本情况和投保需求后，为其制订了个性化的投保方案。最后，张毅投保了交强险、车损险、第三者责任险、车上人员责任险、附加绝对免赔率特约条款、附加车身划痕损失险和附加车轮损失险，并在唐欣的指导下填写了投保单。公司核保通过后，制作了保险单，并向张毅收取保费六千多元。由此保险公司完成了承保工作。

两个月后，张毅购置了车库，决定取消附加车身划痕损失险，于是向保险公司提出对原投保进行批改的申请。保险公司批单接待员朱小燕与张毅沟通后，进行了相关批改业务。批改审核通过后，批单出具人员签发打印了批单。

## 二、情景模拟

（1）学生可以3人为一组进行上述情景模拟演练，其中一人扮演保险公司工作人员，一人扮演车主张毅，一人为记录人员。

（2）根据本项目所学内容，反复进行演练，不断完善演练效果。

（3）到汽车保险模拟实训室，依据最终确定的演练方案，进行汇报演出。

## 三、情景分析

保险公司业务人员在了解和分析投保人的意图和需求后，为其制订投保方案。当客户决定投保时，指导其填写投保单，并完成初核工作。核保人员根据投保人提供的投保资料，做出承保决策。当投保人由于某种原因要求更改或取消保险合同时，保险公司应进行批改工作。

综合运用投保、核保、保险单证的签发、批改等保险知识，完成以下场景的情景演练。

情景一：车主张毅来到保险公司说明投保意图，业务人员唐欣根据张毅的基本情况和投保需求，为其制订了投保方案。

情景二：张毅决定投保后，在唐欣的指导下填写投保单。

情景三：保险公司审核通过张毅的投保申请后，通知其缴纳保费，签订保险单。

情景四：张毅向保险公司提出取消附加车身划痕损失险的批改申请，批单接待员朱小燕了解情况后，为其办理了批改手续。

## 四、脚本示例

下面以情景一为例介绍脚本的编写，仅供参考。

人物角色：车主张毅，业务员唐欣。

唐欣：您好，请问有什么可以为您服务的？

张毅：您好，我最近新买了一辆帕萨特轿车，需要投保车险，但不知道需要购买哪些险种。

唐欣：好的，首先我需要问您几个问题，了解一下您的基本情况和投保需求，然后帮您推荐适合您的投保方案。

张毅：好的。

唐欣：请问您的轿车具体用途是什么？

张毅：除了作为上下班代步工具外，节假日经常约朋友一起驾车游玩。

唐欣：您一般把车停在哪里？

张毅：上班的时候放在办公楼的停车场，下班后一般放在小区外边。

唐欣：您有几年的驾龄？驾车技术如何？

张毅：3年的驾龄，驾驶技术一般。

唐欣：请问您是做什么工作的？

张毅：我是一名程序员。

唐欣：您对投保车险有什么具体要求吗？

张毅：我想让我的车有一个比较全面的保障。

唐欣：好的，针对您的具体情况，建议您选择最佳保障方案，这个方案是投保价值最大的，会为您提供更多的保障。

张毅：最佳保障方案都包含哪些险种呢？

唐欣：该方案包括交强险、车损险、第三者责任险、车上人员责任险、附加绝对免赔率特约条款、附加车身划痕损失险和附加车轮单独损失险。其中，交强险是国家规定必须购买的。鉴于您的爱车属于中高档轿车，而且您的驾龄不是很长，难免会遭到小剐小蹭，修复费用会相对较高，车损险、第三者责任险、附加车身划痕损失险是必不可少的。然后再建议您再购买附加绝对免赔率特约条款，它可以赔偿本应您自己承担的免赔金额。另外，您的车为新车且停在小区外边，安全性较差，建议您购买附加车轮单独损失险。考虑到您喜欢在周末外出游玩，可投保车上人员责任险，若发生交通事故等意外，医疗费用也由保险公司买单。

张毅：哦哦，如果选择这个投保方案，保险费应该交多少呢？

唐欣：大概六千多。

张毅：好的，那我就按照这个方案投保吧。

唐欣：嗯，好的。

（接下来，唐欣拿出公司投保单，指导张毅填写）

# 复习思考题

### 一、填空题

1. 汽车承保的影响因素包括＿＿＿＿＿、＿＿＿＿＿、＿＿＿＿＿和＿＿＿＿＿。
2. 车险一般通过＿＿＿＿＿、＿＿＿＿＿、＿＿＿＿＿、＿＿＿＿＿和＿＿＿＿＿等途径进行投保。
3. 在汽车保险中，除＿＿＿＿＿是所有车辆必须投保的，其余险种都是车主自愿选择的，可根据自己的实际情况有选择地投保，既节省保费又不影响安全。
4. ＿＿＿＿＿是投保人申请投保的一种书面凭证。
5. 投保单的内容主要包括＿＿＿＿＿、＿＿＿＿＿、＿＿＿＿＿、＿＿＿＿＿、＿＿＿＿＿和＿＿＿＿＿等。
6. 根据不同的分类标准，将核保方式分为＿＿＿＿＿和＿＿＿＿＿、＿＿＿＿＿和＿＿＿＿＿、＿＿＿＿＿和＿＿＿＿＿等。
7. ＿＿＿＿＿是指将保险公司对核保工作的原则、方针政策、条款、费率、核保程序、权限规定等做出明确规定的书面文件。
8. 对于江苏、安徽、上海等地区，如果上一个年度未发生有责任道路交通事故，交强险费率浮动＿＿＿＿＿；上一个年度发生有责任道路交通死亡事故，交强险费率浮动＿＿＿＿＿。
9. ＿＿＿＿＿是指保险车辆在上一保险期限内无赔款，续保时可享受因无赔款而减收保险费的优待。
10. ＿＿＿＿＿是指在保险单签发以后，对保险单的一些内容进行修改或增减。经批改后所签发的一种书面证明称为＿＿＿＿＿。

### 二、简答题

1. 什么是汽车承保？
2. 简述汽车承保的工作流程。
3. 汽车投保的前提包括哪些？
4. 简述几种常用的汽车投保方案。
5. 什么是核保？简述核保的原则和意义。
6. 简述核保的工作流程。
7. 简述签发保险单的工作流程。
8. 什么是批改和续保？
9. 续保时需要准备哪些资料？
10. 简述无赔款优待的条件。
11. 简述批改的内容和批改方式。

# 项目四　汽车保险理赔实务

## 项目导读

随着汽车保险行业的发展，汽车保险理赔越来越受到人们的重视。作为汽车保险活动中最重要的一个环节，车险理赔直接关系到保险公司的信誉和车险业务的发展。为了不断完善汽车保险理赔服务环节，促进汽车保险行业的健康快速发展，保险理赔人员应该熟练掌握车险理赔业务流程，耐心为客户服务，切实解决汽车保险理赔中产生的问题，维护被保险人的切身利益。

本项目主要介绍了汽车保险理赔的相关理论知识与实务，让学生掌握汽车保险理赔的概念、原则、特点，使其能够独立完成车险理赔的相关实务工作，包括如何进行受理报案、现场查勘、定损与核损、赔款理算、核赔与结案等。

## 知识目标

- 掌握汽车保险理赔的含义、意义、特征、原则及一般理赔流程。
- 掌握受理报案的工作流程及内容要点。
- 掌握现场查勘的工作流程、方法及内容要点。
- 掌握定损与核损的工作流程及内容要点。
- 熟悉赔款理算的概念和工作流程，掌握赔款理算的方法。
- 掌握核赔的工作流程及内容要点。

## 技能目标

- 能够初步完成接报案的工作。
- 能够独立完成现场查勘工作，包括收取证据、现场拍摄、绘制现场查勘草图等。
- 能够独立完成一般案件的定损工作，并对定损结果进行复核。
- 能够理解赔款理算的方法，对简单的赔案进行分析并正确计算赔款。
- 能够独立完成一般案件的核赔工作。
- 能够进行汽车保险理赔的情景模拟演练。

汽车保险与理赔
QICHE BAOXIAN YU LIPEI

# 任务一　认识汽车保险理赔

## 案例导入

> 一名车主报案称自己的宝马车车灯在停车场被人弄裂了。接到通知后，查勘员小刘立刻赶往事故现场——城隍庙边上的一个停车场。一名40岁左右的男子指着自己的宝马车不停地抱怨，并向小刘示意右大灯有一条长长的裂缝。小刘随即查看了损坏的部分，的确有一条长约8 cm的"裂痕"。宝马车的车灯是氙气灯，价格比较贵，并且这种有裂痕的车灯不能修，只能换。小刘估计，换一个这样的车灯所需费用，总计1万元左右。
>
> 该理赔案件非常简单，加上车主手头还有交警的事故处理单。此时，小刘只需要开出定损单，拍下损坏部分的照片即可完成工作。然而，正当小刘拿出相机准备拍照时，发现了一丝蹊跷，即车灯玻璃裂开后，裂缝应该在玻璃内部有延续，但事实却并非如此。小刘下意识地伸手去摸这条裂缝，没想到裂缝竟然弯曲起来，原来这条"裂缝"竟然是一根细细的黑线。显然，这是一起骗保案。如果小刘稍有大意，就可能使保险公司遭受万元损失。
>
> 请思考：车险理赔工作需要理赔人员具备哪些素质呢？

## 相关知识

### 一、汽车保险理赔的概念

**汽车保险理赔**简称**车险理赔**，是指保险车辆发生保险责任范围内的损失后，保险人依据保险合同的约定解决保险赔偿问题的过程。

车险理赔的质量直接关系到被保险人的切身利益，关系到保险人的经营效益和信誉。因此，车险理赔是整个汽车保险经营过程中非常重要的一个环节，保险人应当谨慎处理车险理赔事宜。

视野拓展

> **车险理赔误区：理赔速度等于理赔质量**
>
> 随着汽车保险业务的快速发展，各保险公司为了争抢业务、满足客户需求，不断推出加快理赔速度的举措，如"掌上phone赔""极速理赔""闪电快赔"等。但是，理赔速度快并不代表理赔质量高。加快理赔速度无可厚非，但在加快理赔速度的同时，还应注重抓好理赔质量，避免出现一头重的现象。

目前，一些保险公司在抓理赔速度时可能会忽视理赔质量，主要表现在以下几个方面。

（1）为了理赔速度指标，理赔人员常常不能清楚地告知客户事故的处理方案，给出公平合理的赔偿方案，这会直接影响客户对保险公司的心理评价。

（2）为了理赔速度指标，各保险公司纷纷对4S店推出了两次甚至无限次免事故现场查勘、免事故证明的举措，这无疑为一些不良客户或维修单位提供了造假的机会，使保险公司赔付率迅速上升。

（3）为了理赔速度指标，各家保险公司纷纷推出理赔客户端。保户可直接通过客户端上传车辆出险照片，以便保险公司现场定损，确定赔偿金额。然而，当保户修车时，很可能会出现有些损坏部件还需更换等问题，结果不但没有加快理赔速度，反而会延长理赔时间。

（4）为了理赔速度指标，各家保险公司对理赔人员进行时效考核（与工资挂钩）。理赔人员在考核标准的约束下，积极处理赔案，但同时会对一些案子的审核不够严格，缺乏耐心，从而影响理赔质量。

保险公司可将车主对车险理赔工作人员服务的评价作为对其的日常考核指标，即通过客户回访工作，掌握被保险人对车险理赔工作各环节的客观评价，生成量化考核统计数据，并与车险理赔工作人员的绩效薪酬挂钩。车险理赔人员要彻底改变作为保险公司职能部门的"主人"意识，应视客户为真正意义上的"主人"，为客户提供"门容易进，脸色好看"的车险理赔服务。

## 二、汽车保险理赔的意义

### （一）保障被保险人的合法权益

车险理赔是保险人履行保险合同、进行经济补偿的具体体现。投保人和保险人签订保险合同，交纳保险费，其出发点就是为了规避被保险人所面临的或潜在的风险，使其在风险降临时能获得经济补偿。因此，当发生保险事故时，被保险人应该享有获得经济补偿的权利，而这种权利的获得，是保险人通过理赔工作实现的。

### （二）保障社会再生产的顺利运行

理赔工作可以使受损单位和个人获得经济补偿，更重要的是能够促进社会经济的稳步发展，保障社会再生产的顺利运行，为社会创造更多的财富。

### （三）提高汽车保险的承保质量

汽车保险公司处理赔案时，会同时检验汽车保险展业是否深入，保险金额是否恰当，费率是否合理，承保手续是否齐全等。保险公司可通过解决车险理赔过程中暴露的问题，逐步提高承保质量，保证公司的经济效益。

### （四）体现保险公司的经济效益

在汽车保险经营中，保险公司赔款支出的多少决定了其经济效益的高低。一定时期内，如果赔款支出少，在其他条件不变的情况下，经济效益就好；反之，经济效益就差，或者无效益可言。

## 三、汽车保险理赔的特点

汽车保险与其他保险不同，其理赔工作具有显著的特点。理赔工作人员必须对这些特点有一个全面清晰的认识，这是做好车险理赔工作的前提。

### （一）被保险人的公众性

被保险人的公众性主要体现在被保险人可以是单位或企业，也可以是个人。由于许多人对保险、交通事故的处理、车辆修理等方面的知识了解太少，因此保险人在理赔过程中要注意选择正确的交流方式，从而保证被保险人所享受的保险利益得到实现。

### （二）标的流动性大

汽车具有较大的流动性，其发生事故的时间和地点都不确定，这就要求保险公司的理赔业务必须拥有一个运作良好的服务体系来支持理赔业务，其主体应是一个全天候的报案受理机制和庞大而高效的理赔网络。

### （三）受制于修理厂的程度大

修理厂在车险理赔过程中扮演着重要的角色，一旦车辆修理质量或工期，甚至修理价格等出现问题，保险公司理赔的速度和质量就会受到影响。

### （四）道德风险普遍

汽车保险欺诈案件时有发生，主要是由于汽车保险条款不完善、相关的法律环境不健全及汽车保险经营和管理中存在着一些问题和漏洞。此外，汽车保险还具有标的流动性强、保险信息不对称等特点，这些都给不法之徒以可乘之机。

## 四、汽车保险理赔的原则

车险理赔工作涉及面广，情况复杂。为了提高车险理赔的工作质量，应遵循以下原则。

### （一）坚持实事求是的原则

在车险理赔中，保险人应当坚持实事求是的原则，尤其是在事故车辆的现场查勘、修复定损以及赔款理算等方面。保险事故发生后，保险人要在尊重客观事实的基础上严格按照条款办事，结合实际情况灵活处理，尽量做到让各方满意。

### （二）坚持守信用、重合同、依法办事的原则

保险人在处理赔案时，要守信用，严格按照保险合同和相关法律法规履行经济补偿义务，该赔的一定要赔，而且要赔足。对于不在保险责任范围内的损失，应以事实为依据拒赔，同时还要向被保险人说明原因。守信用、重合同、依法办事，有助于保险公司树立信誉，扩大保险业务。

### （三）坚持"八字"理赔的原则

"主动、迅速、准确、合理"八字原则是保险理赔人员在长期的工作实践中总结出的经验，是优质保险理赔工作的基本要求。理赔工作的"八字"原则是一个整体，不能只专注于一个或几个方面。如果只追求速度，处理草率，调查不全面、不深入，盲目下结论，就可能会发生错案，甚至引起法律纠纷；如果只追求准确、合理，而忽视速度，不讲工作效率，赔案久拖不决，也会对公司的形象造成恶劣的影响。总的来说，车险理赔工作既要追求准确、合理，又要兼顾理赔速度和工作效率，以保证赔案的质量，维护公司的形象。

## 五、汽车保险理赔人员的岗位要求

车险理赔工作专业性强，涉及许多学科知识。汽车保险理赔人员要有较高的个人修养和业务素质，具体体现在以下几个方面。

### （一）掌握汽车保险专业知识

汽车保险专业知识是保险公司理赔业务的理论依据，也是车险理赔人员顺利开展工作的有力保证。因此，车险理赔人员必须熟练掌握汽车保险专业知识，如汽车保险的原则、合同条款内容、理赔流程及有关业务规定等，以免理赔时出现不必要的差错。

### （二）熟悉其他相关专业知识

因为车险理赔涉及面广、专业性强，所以理赔人员除具备汽车保险方面的专业知识外，还必须懂得有关汽车的构造、维修、故障诊断等知识；懂得汽车的相关法律和法规方面的知识，如《道路交通管理条例》《机动车报废标准》及各种运输法规等；懂得其他法律和法规方面的知识，如《民法》《经济法》等，以

便在处理理赔案件时有法可依。另外，根据工作需要，理赔人员还应掌握一些财务会计和资产评估等方面的知识，如计算折旧、估计损失价值等。

### （三）具备良好的职业道德

车险理赔人员应具备良好的职业道德，如高度的责任感和廉洁奉公的工作作风。在处理赔案时，理赔人员应做到"主动、迅速、准确、合理"，对保户要热情、诚恳，不能拖拉、刁难，更不得以权谋私。另外，由于处理各种赔案时涉及大

量钱财,理赔人员必须树立廉洁奉公、以身作则的工作作风,不得收取客户或业务人员任何形式的礼品和礼金,坚决杜绝与汽车修理厂串通一气坑害保险公司现象的发生。

## 六、汽车保险理赔的工作流程

车险理赔的工作流程并没有严格、固定的标准,不同的保险公司均存在细微的差别,但大体上是一致的,如图4-1所示。由此可知,车险理赔一般都经过受理报案、现场勘查与立案、定损与核损、赔款理算、核赔与结案这几个步骤,如图4-2所示。

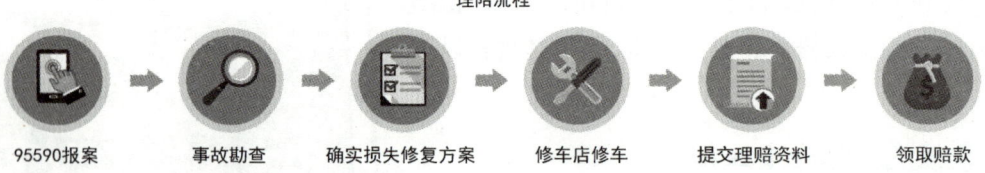

(a)中国人保车险理赔流程

(b)中国大地车险理赔流程

图4-1 不同保险公司的理赔流程

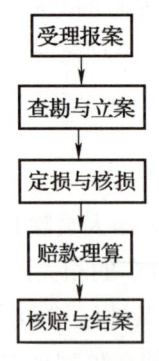

图4-2 车险理赔的工作流程

## 案例分析

> 为了顺利开展车险理赔工作,理赔人员要有较高的个人修养和业务素质。首先,理赔人员应掌握汽车保险专业知识,如汽车保险的原则、合同条款内容、理赔流程及有关业务规定等,以免理赔时出现误差。其次,理赔人员必须懂得有关汽车的构造、维修、故障诊断等其他相关的专业知识。最后,理赔人员应具备良好的职业道德,要有高度的责任感和廉洁奉公的工作作风。

## 任务二　受理报案

## 案例导入

> 某日,安先生开着自己的别克车出门,路上为躲避对面的来车而陷入了暴雨形成的水坑里。车子立即熄火了,有着多年驾驶经验的安先生没有再次启动发动机,而是立即向保险公司报案请求救援。保险公司小李接到了报案电话。
> 请思考:小李应该如何开展接报案工作呢?

## 相关知识

### 一、报案的方式

报案是指发生保险事故后,被保险人通过一定的方式通知保险人处理事故的行为。出险报案是被保险人必须履行的义务。出险后,被保险人应该在规定的时间内(一般为48 h)通知保险人。

当被保险人出险时,可采取多种方式报案,如上门报案、电话(传真)报案、网络报案及业务员转达报案。

#### (一)上门报案

上门报案是指客户直接到保险公司进行报案的行为。

#### (二)电话(传真)报案

电话(传真)报案是指客户通过电话、传真等通信工具向保险公司报案,并索取报案号的行为。各家保险公司都有自己的报案电话,如表4-1所示。

表4-1　保险公司报案电话

| 保险公司 | 报案电话 | 保险公司 | 报案电话 |
| --- | --- | --- | --- |
| 中国人民保险 | 95518 | 安邦保险 | 95569 |
| 太平洋保险 | 95500 | 友邦保险 | 800-8203588 |
| 平安保险 | 95512 | 阳光保险 | 95510 |
| 大地保险 | 95590 | 华泰财产保险 | 95509 |
| 中华联合保险 | 95585 | 永诚保险 | 95552 |
| 华安保险 | 95556 | 格林保险 | 010-66214406 |

表 4-1（续）

| 保险公司 | 报案电话 | 保险公司 | 报案电话 |
|---|---|---|---|
| 天安保险 | 95505 | 大众保险 | 021-23076666 |
| 永安保险 | 029-87233888 | 中国人民保险 | 010-62616611 |
| 太平保险 | 0755-82960919 | 渤海保险 | 4006-11-6666 |
| 华泰保险 | 95509 | 民安保险 | 95506 |

### （三）网络报案

**网络报案**是指客户通过登录保险公司的官网进行报案的行为。

### （四）业务员转达报案

**业务员转达报案**是指业务员在回访客户时了解其出险情况，并向公司转达报案的行为。

## 二、受理报案的工作流程

受理报案的工作流程如图 4-3 所示。

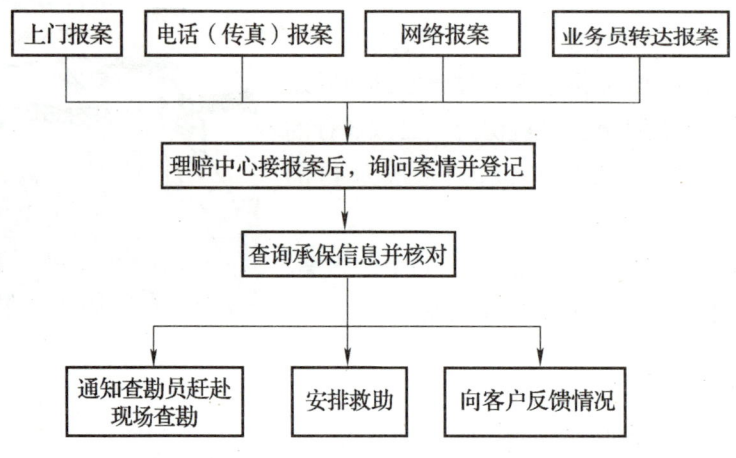

图 4-3　受理报案的工作流程

## 三、受理报案的内容要点

车险理赔人员在接报案后，主要做**报案登记**、**信息核对**及**安排查勘**等工作。

### （一）报案登记

理赔人员在接到报案时，应详细询问并记录报案信息（见图 4-4），并及时将信息录入计算机系统。需要询问并记录的报案信息要点如表 4-2 所示。

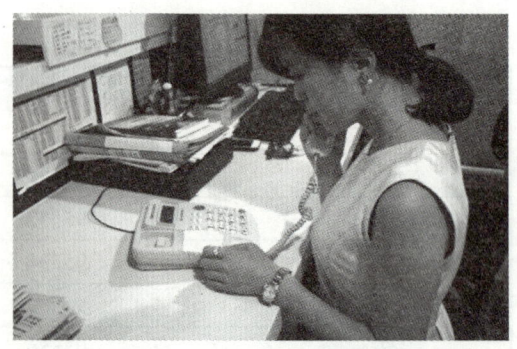

图 4-4　接报案人员正在询问报案信息

表 4-2 接报案要点说明

| 报案信息 | 要点说明 |
| --- | --- |
| 出险时间 | 确认事故发生的具体时间 |
| 出险地点 | 确认事故发生的准确地点 |
| 驾驶员情况 | 确认驾驶员的姓名和联系电话 |
| 事故经过 | 确认事故的详细经过及原因 |
| 相关情况的确认 | （1）确认交警是否受理该案。如果交警已受理该案，则被保险人需获取交警出具的事故责任认定书<br>（2）确认对方的情况，如姓名、联系电话、住址，车牌号、修理工厂、车辆损坏程度，以及对方的受伤情况、入院院名、保单号等<br>（3）确认被保险人的情况，如受伤情况、车辆受损程度及是否需要提供拖车等 |
| 保险内容 | 确认被保险人姓名、车牌号、保单号、保险期间和投保险种等 |

## 资料卡

《保险法》第二十一条规定："投保人、被保险人或者受益人知道保险事故发生后，应当及时通知保险人。故意或者因重大过失未及时通知，致使保险事故的性质、原因、损失程度等难以确定的，保险人对无法确定的部分，不承担赔偿或者给付保险金的责任，但保险人通过其他途径已经及时知道或者应当及时知道保险事故发生的除外。"

### （二）信息核对

接报案后，理赔人员应尽快查询出险车辆的保单和批单信息，并与报案记录内容核对。例如，核对是否存在重复报案，事故是否发生在保险期间内，以及驾驶员是否为保单中约定的驾驶人等情况。理赔人员应初步判断事故是否在保险责任范围内，若不在，应拒绝受理并向报案人说明理由。

受理报案

### （三）安排查勘

确认事故属于保险责任范围后，接报案人员应及时向部门负责人汇报，再由其根据事故情况，安排查勘人员赶赴现场勘查，并告知其应备资料及注意事项。

在安排现场查勘工作时，应注意以下几点。

（1）对于案情比较复杂或损失较大的案件，理赔人员应及时向上级领导汇报。

（2）对于异地事故，若需异地分支机构代理查勘，则由部门负责人通知其派人赴现场查勘。对于该类案件，理赔人员应及时在代理查勘登记簿上登记，以便后期查询。

（3）如果现场需要救援，应立即安排救援工作。

## 视野拓展

### 受理报案的服务规范

（1）按公司统一标准着装，佩戴胸卡。

（2）无论是柜台电话还是办理了呼叫转移的理赔服务电话，在铃响三声之内相关人员应保证接通电话。通话中要语气温和,语速适中,时刻保持热情的服务态度,及时、主动地为客户服务。

（3）如果理赔柜台接待报案客户,当客户走到距接待柜台2 m处时,接报案人员应主动起立,以标准站姿方式,主动与客户打招呼；为客户办理完结理赔手续后,应主动站立,并使用标准送行语。

（4）掌握扎实的专业知识,准确了解事故原因和性质。

（5）迅速了解客户的需求,在条款和职责允许范围内为其办理报案手续。

（6）根据不同类型的案件,履行车险索赔程序的告知义务,对事故处理提出指导意见,回答客户有关索赔方面的问题。

（7）迅速合理地选定及通知相关查勘人员。

（8）根据客户的需求,安排救援、异地理赔等事项。

（9）遇紧急事件或特殊情况,及时向主管和上级领导汇报。

（10）严格遵守总公司各项管理规定和业务流程。

（11）快速、准确地完成报案资料的电脑录入工作。

## 案例分析

本案中,接报案人员小李在接到报案电话后,应按照保险公司接报案业务流程,详细询问案情,查询并核对承保信息。如果小李初步判断事故在保险责任范围内,应及时向部门负责人汇报,安排查勘人员赶赴现场勘查,通知相关人员救援。具体可参考如下对话示例。

小李：您好,××保险公司!请问您有什么事吗?

安先生：您好,我的车子陷进了一个水坑里,而且立即灭火了,请求救援。

小李：好的,请问您的车牌号是多少?

安先生：京A K00001。

（小李将车牌号输入车险理赔系统,获得出险车辆信息）

小李：我们的资料显示您的车辆在我们公司投保了交强险、车损险、第三者责任险和附加发动机进水损坏除外特约条款,被保险人是×××,车型是×××,对吗?

安先生：是的。

小李：请问您的车被水浸泡了多长时间?水位有多高?您是否对车辆重新启动过?

安先生：车被水浸泡了大概3 min,水深不到1 m,车辆还未再次启动过。

小李：好的,请您千万不要打火启动车辆,以免扩大损失。我们将马上派救援人员前往现场帮您拖车,请稍等。

安先生：好的,谢谢。

（小李询问安先生具体事故地点和联系方式等,安排查勘员赶赴现场查勘）

# 任务三　查勘与立案

## 案例导入

> 2017年9月15日下午5时，保险公司接到报案，报案人称其因躲避行人而驾车撞到路边的树上造成车损。查勘员接到通知后，立即赶往现场。经现场查勘后，查勘员发现报案人指认的被撞树木虽有脱皮，但树白部分颜色发旧，车身并无木屑痕迹。鉴于路面无刹车痕迹，查勘员初步判定事发前驾驶员并未采取刹车措施。报案人态度蛮横，要求理赔人员立即做出理赔处理。
>
> 请思考：查勘员应该怎样处理这起案件？

## 相关知识

### 一、查勘

#### （一）现场查勘的概念

**现场查勘**是指保险公司查勘员运用科学方法和现代技术手段，对事故现场进行查验，并将所得结果完整而准确地记录下来的过程。现场查勘可以让保险公司掌握"第一手"资料，是分析事故原因、查明真相及认定事故责任的根本途径，为后期事故赔偿提供重要依据。

查勘的事故现场主要分为3类，即原始现场、变动现场和恢复现场。

（1）**原始现场**又称**第一现场**，是指完整地保留着事故发生后的原始状态的事故现场，如图4-5所示。原始现场能较好地为事故原因分析和责任鉴定提供依据，是最理想的查勘场所。

图4-5　原始现场

（2）**变动现场**又称**移动现场**，是指自然因素或人为因素使出险现场的原始状态发生改变的事故现场。现场原始状态发生改变的原因包括以下几点。

① 为抢救伤者而移动车辆、散落物或伤者的位置，如图4-6（a）所示。

② 被过往车辆、行人或当事人无意识地改变现场的原始状态。

③ 自然因素（如风吹、雨淋或雪埋等）致使事故现场证据被破坏或消失。

④ 事故发生在交通要道或城市繁华地带，造成交通堵塞，需立即移动车辆或其他物体，如图4-6（b）所示。

⑤ 执行任务的消防车、救护车、工程救险车及首长、外宾、使节乘坐的汽车在事故发生后，因任务需要而驶离现场。

⑥ 当事人为逃避责任、毁灭证据或嫁祸于人，而有意唆使他人改变现场遗留物的原始状态，或故意伪造事故现场。

⑦ 当事人为逃避责任而驾车逃逸，导致现场发生变动，如图4-6（c）所示。

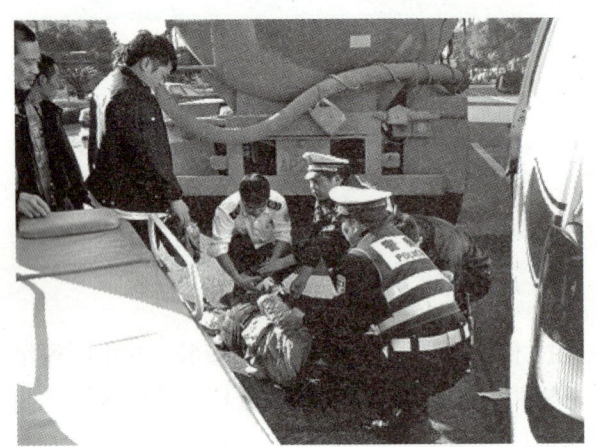
（a）抢救伤者现场

（b）事故造成交通堵塞现场

（c）逃逸现场

图4-6 变动现场

（3）**恢复现场**是指基于事故分析或复查案件的需要，结合现场查勘记录，重新恢复原貌的现场，如图4-7所示。

图 4-7 恢复现场

> **提示**
>
> 现场查勘工作需由两名（含）以上查勘员参加。查勘员应尽量查勘原始现场，若原始现场已经被清理，必须查勘移动现场，以便了解相关情况。

### （二）现场查勘的工作流程

现场查勘的工作流程如图 4-8 所示。

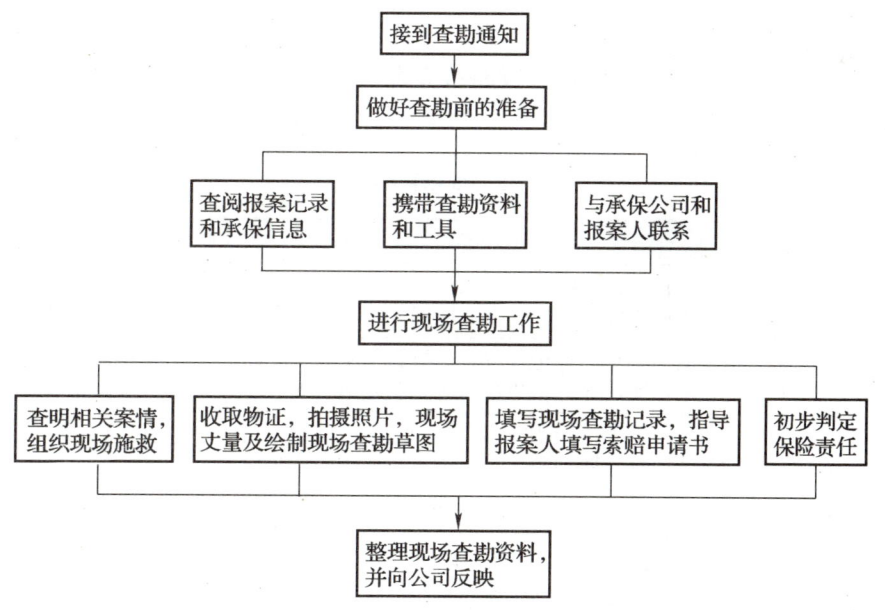

图 4-8 现场查勘的工作流程

### （三）现场查勘的内容要点

#### 1. 查勘前的准备

查勘员接到通知后，应及时联系事故相关人员，并做好查勘前的准备工作。

(1)查阅报案记录和承保信息。查勘员在查阅相关信息时,应重点关注以下几点。

① 出险时间、地点、原因,损失情况及被保险人或驾驶员的联系电话。

② 保险期间、承保险种、保险金额及出险记录等。

(2)携带查勘资料和工具。为了查勘工作的顺利进行,查勘员在出发前应携带必要的相关资料和查勘工具,如图4-9所示。

① 相关资料包括出险报案表、保单抄件、索赔申请书、现场查勘记录表、询问笔录及事故车辆损失确认书等。

② 查勘工具包括笔记本电脑、数码相机、手电筒、卷尺、笔及记录本等。

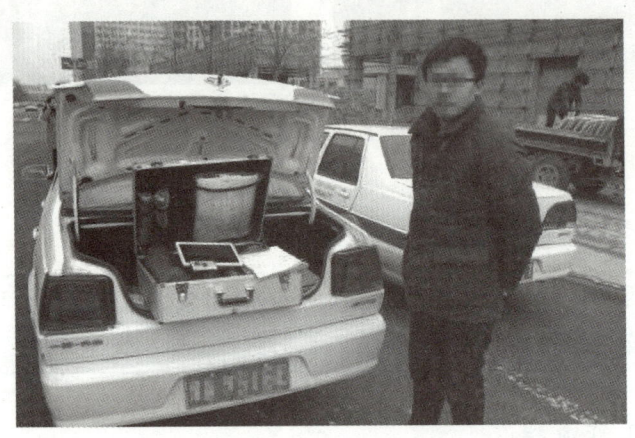

图4-9 查勘员出发前准备相关资料和工具

**2. 实施现场查勘**

1)现场查勘方法

现场查勘主要采用4种方法,即沿车辆行驶路线查勘法、由内向外查勘法、由外向内查勘法、分片分段查勘法,如表4-3所示。

表4-3 现场查勘方法

| 现场查勘方法 | 主要内容 | 适用的现场 |
| --- | --- | --- |
| 沿车辆行驶路线查勘法 | 沿着车辆的行驶路线进行取证、摄影与丈量,绘制现场查勘草图,并分析事故原因、认定事故责任 | 事故痕迹清楚的现场 |
| 由内向外查勘法 | 由事故中心点向外进行取证、摄影与丈量,绘制现场查勘草图,并分析事故原因、认定事故责任 | 出险现场范围不大、痕迹与物证较集中、事故中心点明确的现场 |
| 由外向内查勘法 | 沿事故现场外围至中心点进行取证、摄影与丈量,绘制现场查勘草图,并分析事故原因、认定事故责任 | 出险现场范围较大、痕迹与物证较分散的现场 |
| 分片分段查勘法 | 根据现场的痕迹、散落物等特征,将事故现场分成若干的片或断,分别进行取证、摄影与丈量,绘制现场查勘草图,并分析事故原因、认定事故责任 | 现场范围大、距离长和伪造的现场 |

2)现场查勘的内容

现场查勘的主要内容包括查明出险时间、出险地点、出险车辆情况、驾驶员情况、事故原因以及损失情况。

(1)查明出险时间。

① 为了核实出险时间,应详细了解车辆启程或返回的时间、行驶路线、伤者住院治疗的时间等。如

果涉及车辆装载货物出险的,还要了解委托运输单位的装卸货物时间。

② 查明出险时间是否在保险期间内,尤其对接近保险起止时间的案件,要慎重对待、认真查实。

(2)查明出险地点。

核实出险地点,以便确定其是否在保险约定的行驶区域范围内,以及是否擅自移动现场或谎报出险地点。对擅自移动现场或谎报出险地点的,要查明原因。

(3)查明驾驶员情况。

查明驾驶员姓名、驾驶证、准驾车型等情况,并核对是否与保险单或批单上的对应信息相符。

(4)查明出险车辆情况。

查明出险车辆车型、号牌号码、发动机号、车架号、行驶证及车辆安全设备的配置情况,并与保险单或批单核对是否相符。例如,通过核对车辆信息确认其是否为承保标的;通过查实车辆的使用性质来确认其是否与保险单载明的一致。涉及第三方车辆的,查明驾驶人姓名、联系方式、车牌号、交强险保单号等信息。

(5)核实损失情况。

核实受损车辆、人员伤亡等情况,确认损失程度,查清事故双方所承担的事故责任比例。如果查勘员到达现场后,险情尚未得到控制,应立即会同当事人及有关部门研究施救方案,以防损失进一步扩大。

(6)查明事故原因。

查勘员在综合分析报案人或目击者描述的出险经过和事故损失情况后,判断其是否合理,并积极索取证明、收集证据。查勘员在调查事故原因时,应注意以下几点。

① 是否存在驾驶员饮酒、吸食或注射毒品驾车,或临时找他人顶替的情况。若有,应及时协同公安交通管理部门获取相应的证人证言和检查证明。

② 是否存在超载情况,如涉及大货车的追尾或倾覆事故,需要对货物装载情况进行清点。

③ 对于标的车辆是老旧车型的,要注意是否存在利用保险事故更换部分失灵配件,或者已经索赔但未修理的车辆重复索赔的情况。

④ 对于报案中心专线提示的出险时间接近的两起案件,须认真核查事故车辆的损失部位、损失痕迹、事故现场和修理情况等,确定案件是否属于重复索赔的案件。

 提 示

① 对于重大复杂或存有疑点的案件,查勘员要进一步对当事人和目击者进行询问,了解事故真相,做好笔录并让当事人签字。

② 若被保险人未按保险条款和相关规定协助查勘事故现场,查勘员应在查勘记录中注明。

 小案例

某男子因酒后驾车发生交通事故,但其为了逃脱肇事责任,骗取保险公司的保险赔偿金,遂叫来朋友顶替,蒙骗事故现场查勘人员,领取了保险赔偿金4万余元。保险公司事后审理时发现端倪,遂向公安部门报案。警方接警后经过侦查,发现了该男子为躲避责任骗取保险赔偿金的犯罪事实,并将其刑事拘留。

### 3）现场查勘工作

（1）收取物证。

物证是再现交通事故发生过程、分析事故原因与责任的最为客观的依据。收取物证是现场查勘的核心工作，各种查勘技术和方法都是为收取物证服务的。物证类型一般为现场的散落物、附着物和痕迹，如车体泥土、玻璃碎片、车身刮痕和地面血迹，如图4-10所示。

（a）玻璃碎片　　　　　　　　　（b）车身划痕

（c）地面血迹

图4-10　查勘现场物证

（2）现场摄影。

为了如实反映事故现场的真实情况，查勘员需要通过拍照保留现场证据，用于后期定损和事后核查，如图4-11所示。现场拍摄的照片既是赔款案件的第一手资料，又是查勘报告的旁证材料。拍摄现场照片贯穿于整个现场查勘工作。

进行现场拍摄时，需满足以下几点要求。

① 查勘第一现场时，既要有能反映出险现场全貌的全景照片，又要有能反映受损车辆的号牌号码、受损部位和损失程度等的近景照片，如图4-12所示。

② 若事故现场不是第一现场，则事故照片应侧重于近景照片。

③ 拍摄内容应与事故查勘记录一致。

④ 拍摄内容应当客观、真实、全面地反映被摄对象，不得有艺术夸张。

⑤ 照片档案应该有拍摄地点、摄影人、摄影时间、照片标示、文字说明等内容，分类时一般应按照现场环境照片、痕迹查勘照片、车辆检验照片、肇事者照片的顺序编排。

图 4-11　查勘员正在拍摄事故现场

（a）事故全貌照片

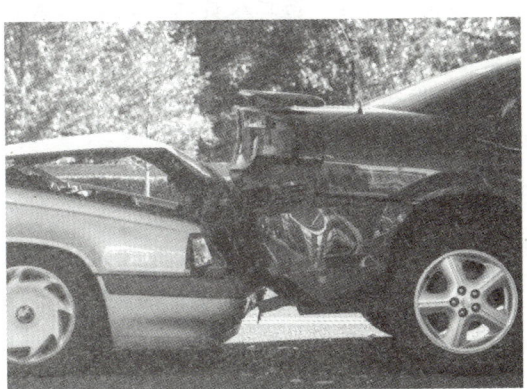

（b）碰撞照片

（c）紧急制动痕迹照片

图 4-12　事故现场照片

## 视野拓展

### 摄影的原则、方式和方法

**1. 摄影原则**

（1）先拍原始的，后拍变动的。

（2）先拍远景，后拍近景，再拍局部。

(3) 先拍路面痕迹，后拍车辆痕迹。

(4) 先拍易破坏、易消失的，后拍不易破坏、不易消失的。

### 2. 摄影方式

现场摄影一般包括方位摄影、中心摄影、细目摄影和宣传摄影四种方式。

(1) 方位摄影是指根据以事故车辆为中心的周围环境，采用不同的方式拍摄现场的位置和全貌以反映事故现场轮廓的摄影。当拍摄事故现场的全貌时，一般采用方位摄影方式。

(2) 中心摄影是指以事故接触点为中心，拍摄事故接触部位及其相关部位，以反映与事故相关的物体状态和痕迹特点的摄影。当拍摄现场的中心地段时，宜采用中心摄影方式。

(3) 细目摄影是指拍摄事故现场的各种痕迹、物证，以反映其大小、形状和特征的摄影。细目摄影的拍摄部位包括：事故车辆和其他物体接触部分的表面痕迹，用以反映事故原因；物体痕迹，如事故车辆的制动痕迹、伤亡人员的血迹及机械故障的损坏痕迹等；事故车辆的牌号、厂牌型号等；事故的损失、伤亡与物资的损坏等。

(4) 宣传摄影是指为了宣传和收集资料的需要，运用技巧突出反映某一侧面，如车辆损伤、伤亡者以及事故责任者等的摄影。

### 3. 摄影方法

现场摄影一般包括相向拍摄、十字交叉拍摄、连续拍摄和比例拍摄四种方法。

(1) 相向拍摄法是指从两个相对的方向对现场中心部分进行拍摄，以反映中心情况的摄影方法。

(2) 十字交叉拍摄法是指从四个不同的地点对现场中心部分进行交叉拍摄，以准确反映现场中心情况的摄影方法。

(3) 连续拍摄法是指将现场分段进行拍摄，然后将分段照片拼接为完整照片的方法。此种拍摄方法适用于事故现场面积较大，一张照片难以包括全貌的情况。

(4) 比例拍摄法是将尺子或其他参照物放在被损物体旁边进行摄影的方法。此法适用于拍摄痕迹、物证以及碎片、微小物的情况，以便根据照片确定被拍摄物体的实际大小和尺寸。

(3) 现场丈量。

现场丈量必须要准确，必要的尺寸不能缺少。现场丈量前要认定与事故有关的物体和痕迹，并做好相应的记录。丈量的内容包括车辆的位置及行驶方向，制动印痕，现场的指纹、毛发等微小印痕，轮胎花纹、车身漆皮、脱落的零部件及泥土等其他遗留物，接触部位的高度、形状、大小等，如图 4-13 所示。

(4) 绘制现场查勘草图。

当发生重大赔案时，应绘制事故现场查勘草图。它是在查勘现场绘制的，是重要的查勘记录资料。现场查勘草图要求内容完整，能表明事故现场的地点和方位、与事故有关的遗留痕迹和散落物位置以及各种物体的形态大小，且尺寸要准确，物体位置、形状和大小等要基本成比例。图 4-14 为某一起交通事故的现场勘查草图。

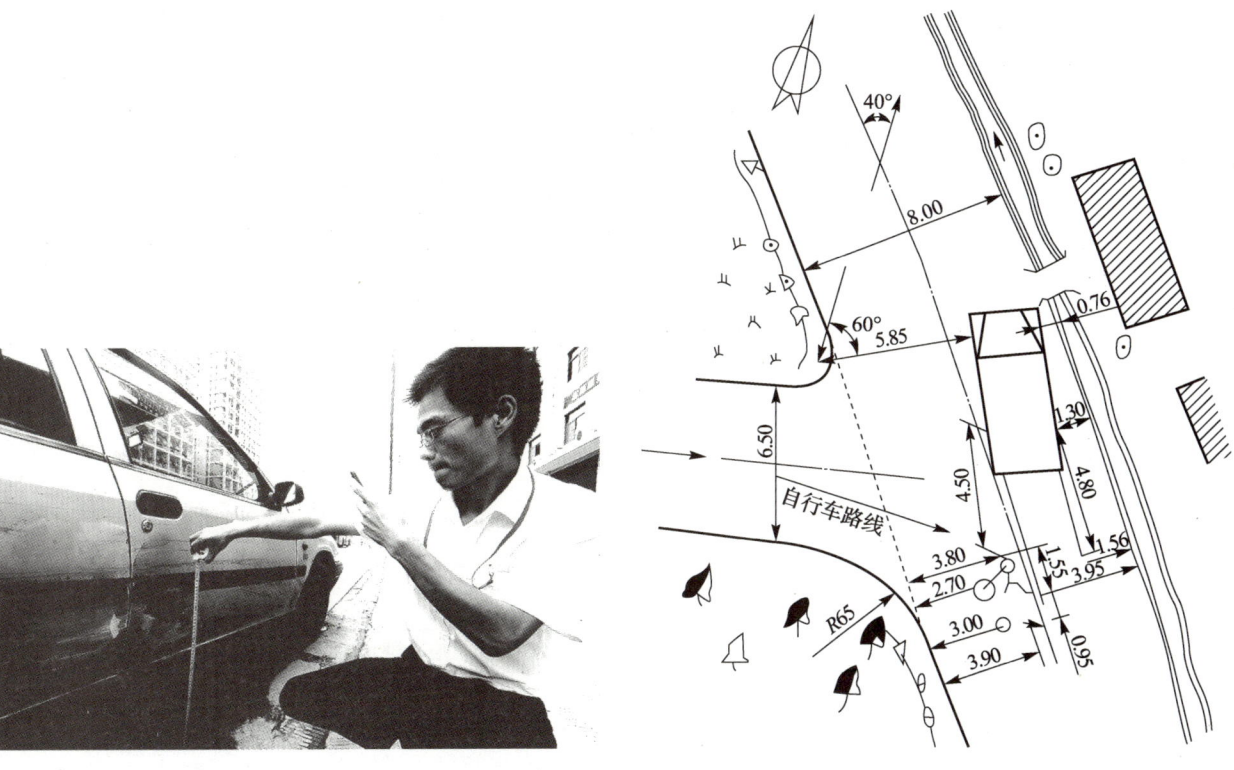

图 4-13 用卷尺测量事故车辆的受损面积　　图 4-14 交通事故的现场勘查草图（尺寸单位：m）

（5）填写现场查勘记录。

根据查勘内容，认真填写《现场查勘记录表》（见表 4-4），并由报案人签字确认。

表 4-4　某保险公司机动车辆保险事故现场查勘记录

保险单号码：　　　　　　　报案编号：　　　　　　　立案编号：

| 出险时间：年　月　日　时 | | 出险地点：　省　　市　　县 | | 案件性质：□自赔　□代理 |
|---|---|---|---|---|
| 查勘时间：年　月　日　时 | | 查勘地点： | | 是否第一现场报案：□是　□否 |
| 赔案类别：□一般　□特殊（□简易　□互碰　□救助　□其他）　双代（□委托外地查勘　□外地委托查勘） | | | | |
| 保险车辆 | 厂牌型号： | 发动机号： | | 号牌底色： |
| | 号牌号码： | 车架号（VIN）： | | 初次登记日期： |
| | 驾驶人员姓名： | 驾驶证号：□□□□□□□□□□□□□□□□□□ | | 准驾车型： |
| | 初次领证日期：　年　月　日 | 性别：□男　□女 | | 联系方式： |
| 第三方车辆 | 厂牌型号： | 号牌号码： | 交强险保单号： | 起保日期： |
| | 驾驶人员姓名： | 驾驶证号：□□□□□□□□□□□□□□□□□□ | | 准驾车型： |
| | 初次领证日期：　年　月　日 | 性别：□男　□女 | | 联系方式： |
| 事故信息 | 出险原因 | □碰撞　□倾覆　□坠落　□火灾　□爆炸　□自燃　□外界物体坠落、倒塌　□雷击　□暴风　□暴雨　□洪水　□雹灾　□其他_____ | | |
| | 事故类型 | □单方肇事　□双方事故　□多方事故　□仅涉及财产损失　□涉及人员伤亡 | | |
| | 事故涉及的第三方车辆数： | 第三者伤亡人数：伤　人，亡　人 | | 车上人员伤亡人数：伤　人，亡　人 |
| | 事故处理方式：□交警　□自行协商　□保险公司　□其他_____ | | | 是否需要施救：□是　□否 |
| | 预计事故责任划分：□全部　□主要　□同等　□次要　□无责 | | | 核定施救费金额： |

表4-4（续）

| 查勘信息 | 被保险机动车出险时的使用性质 | □家庭自用 □营业 □非营业 | | |
|---|---|---|---|---|
| | 被保险机动车驾驶人是否具有有效驾驶证 | | □是 | □否 |
| | 被保险机动车驾驶人准驾车型与实际驾驶车辆是否相符 | | □是 | □否 |
| | 被保险机动车驾驶人是否为酒后或醉酒驾车 | | □是 | □否 |
| | 被保险机动发生事故时的肇事人是否为合同约定的驾驶人 | | □是 | □否 |
| | 驾驶专用机械车、特种车及营业性客车的人员是否有相应的有效操作证、资格证 | | □是 | □否 |
| | 出险地点是否发生在合同约定的行驶区域以内 | | □是 | □否 |
| | 是否存在其他条款规定的责任免除或增加免赔率的情形（如存在应进一步说明）： | | □是 | □否 |
| | 查勘意见（事故经过、施救过程、查勘情况的简单描述和初步责任判断）： | | | |
| 责任判断及损失估计 | 案件处理等级： 理算顺序： 询问笔录 张，现场草图 张，事故照片 张 | | | |
| | 涉及险种 | □交强险 □车损险 □第三者责任险 □车上人员责任险<br>□附加绝对免赔率特约条款 □附加车轮单独损失险 □附加新增加设备损失险<br>□附加车身划痕损失险 □其他_____ | | |
| | 立案建议 | 交强险：□立案 □不立案 □待确定（原因：　　　　）<br>商业险：□立案 □不立案 □待确定（原因：　　　　） | | |
| | 事故估损金额 | □本车损失：　　　　 □第三者车辆损失：　　　　 □本车车上人员伤亡：<br>□第三者人员伤亡：　　□本车车上财产损失：　　□第三者车上财产损失：<br>□第三者其他财产损失：　□其他_____　　总计： | | |
| 查勘人员签字： | | 被保险人（当事人）签字： | | |

说明：① 如第三方车辆不止一辆，可增加《机动车辆现场查勘记录》用纸。
　　　② 事故估损金额单位为人民币元。

### 3. 初步判断保险责任

结合承保情况和查勘情况，查勘员判断事故是否属于交强险或商业险的保险责任，对是否立案提出建议。对不属于保险责任或存在条款列明的责任免除、加扣免赔情形的，应收集好相关证据，并在查勘记录中注明。对暂时不能对保险责任进行判断的，应在查勘记录中写明理由。另外，查勘员应根据保险事故的损失类别、金额和标的车辆投保的险种等，初步判断事故涉及的险别。

### 4. 指导报案人进行后续处理

查勘员指导报案人填写《索赔申请书》（见图4-15），告知客户后续的处理流程和咨询途径，向客户推荐公司特色理赔方案，引导客户选择快速、便捷的"一站式"后续服务。

对于上门报案的，索赔申请书应由保险公司的接待人员指导报案人当场填写；对于其他方式报案的，在事故查勘、核定损失时，索赔申请书应由保险公司的专业人员现场指导填写。

# 机动车辆保险索赔申请书

报案编号：

| 被保险人： | | 保险单号： | |
|---|---|---|---|
| 厂牌型号： | 号牌号码： | 牌照底色： | 车辆种类： |
| 出险时间： | | 出险原因： | |
| 报案人： | | 报案时间： | |
| 报案方式：□ 95518 □ 传真 □ 上门 □ 其它 | | 是否第一现场报案：□ 是 □ 否 | |
| 联系人： | | 联系电话： | |
| 出险地点： | | 出险地邮政编码： | |
| 出险地点分类 | □ 高速公路 □ 普通公路 □ 城市道路 □ 乡村便道和机耕道 □ 场院及其它 | 车辆已行驶里程：<br>车辆初次登记日期： | 已使用年限： |
| 处理部门：□ 交警 □ 其他事故处理部门 □ 保险公司 □ 自行处理 | | | 排量/功率： |

| 驾驶人员情况 | 驾驶人员姓名： | | 初次领证日期： 年 月 日 | |
|---|---|---|---|---|
| | 驾驶证号码：□□□□□□□□□□□□□□□□□□ | | | |
| | 准驾车型：□ A □ B □ C □ 其它 | | 性别：□ 男 □ 女 | 年龄： |
| | 职业分类 | □ 职业驾驶员<br>□ 私营企业主<br>□ 个体工商户<br>□ 农业劳动者 | □ 国家社会管理者<br>□ 专业技术人员<br>□ 商业服务业员工<br>□ 军人 | □ 企业管理人员<br>□ 办事人员<br>□ 产业工人<br>□ 其他 |
| | 文化程度：□ 研究生及以上 □ 大学本科 □ 大专 □ 中专 □ 高中 □ 初中及以下 | | | |

事故经过：









**反保险欺诈提示**

**诚信是保险合同基本原则，涉嫌保险欺诈将承担以下责任：**

**【刑事责任】**进行保险诈骗犯罪活动，可能会受到拘役、有期徒刑，并处罚金或者没收财产的刑事处罚。保险事故的鉴定人、证明人故意提供虚假的证明文件，为他人诈骗提供条件的，以保险诈骗罪的共犯论处。

**【行政责任】**进行保险诈骗活动，尚不构成犯罪的，依法给予行政处罚。

**【民事责任】**故意或因重大过失未履行如实告知义务，保险公司可能不承担赔偿或给付保险金的责任。

中国人民财产保险股份有限公司：

  本人现就保险车辆发生的上述事故向贵公司提出索赔申请。

  **本人声明：以上陈述和向贵公司提交的索赔材料均真实、可靠，没有任何虚假及遗漏，且本人已阅读并知晓《反保险欺诈提示》。**

此致

被保险人/报案人签章：

年 月 日

（a）正面

# 机动车辆保险索赔须知

_____（被保险人名称/姓名）：

由于您投保的机动车辆发生了事故，请您在向我公司提交《机动车辆保险索赔申请书》的同时，依照我公司的要求，提供以下有关单证。如果您遇到困难，请随时拨打我公司的服务专线电话"95518"，我公司将竭诚为您提供优质、高效的保险服务。谢谢您的合作！

**机动车辆保险索赔材料手续明细如下：**

1、□《机动车辆保险索赔申请书》
2、□ 机动车辆保险单正本　　□ 机动车辆保险互碰卡
3、事故处理部门出具的：□ 交通事故责任认定书　□ 调解书　□ 简易事故处理书　□ 其它事故证明(　　　)
4、法院、仲裁机构出具的：□ 裁定书　□ 裁决书　□ 调解书　□ 判决书　□ 仲裁书
5、涉及车辆损失还需提供：
　　□《机动车辆保险车辆损失情况确认书》及《修理项目清单》和《零部件更换项目清单》
　　□ 车辆修理的正式发票（即"汽车维修业专用发票"）　□ 修理材料清单　□ 结算清单
6、涉及财产损失还需提供：
　　□《机动车辆保险财产损失确认书》　□ 设备总体造价及损失程度证明　□ 设备恢复的工程预算
　　□ 财产损失清单　□ 购置、修复受损财产的有关费用单据
7、涉及人身伤、残、亡损失还需提供：
　　□ 县级以上医院诊断证明　□ 出院通知书　□ 需要护理人员证明　□ 医疗费报销凭证（须附处方及治疗、用药明细单据）
　　□ 伤、残、亡人员误工证明及收入情况证明（收入超过纳税金额的应提交纳税证明）
　　□ 护理人员误工证明及收入情况证明（收入超过纳税金额的应提交纳税证明）
　　□ 残者须提供法医伤残鉴定书　□ 亡者须提供死亡证明
　　□ 被抚养人证明材料　□ 户籍派出所出具的受害者家庭情况证明　□ 户口　□ 丧失劳动能力证明
　　□ 交通费报销凭证　□ 住宿费报销凭证　□ 参加事故处理人员工资证明
　　□ 向第三方支付赔偿费用的过款凭证（须由事故处理部门签章确认）
8、涉及车辆盗抢案件还需提供：
　　□ 机动车行驶证（原件）　□ 出险地县级以上公安刑侦部门出具的盗抢案件立案证明　□ 已登报声明的证明
　　□ 车辆购置附加费缴费凭证和收据（原件）或车辆购置税完税证明和代征车辆购置税缴税收据（原件）或免税证明（原件）
　　□ 机动车登记证书（原件）　□ 车辆停驶手续证明　□ 机动车来历凭证　□ 全套车钥匙
9、被保险人索赔时，还须提供以下证件原件，经保险公司验证后留存复印件：
　　□ 保险车辆《机动车行驶证》　□ 肇事驾驶人员的《机动车驾驶证》
10、被保险人领取赔款时，须提供以下材料和证件，经保险公司验证后留存复印件：
　　□ 领取赔款授权书　□ 被保险人身份证明　□ 领取赔款人员身份证明
11、需要提供的其它索赔证明和单据：
　　(1)　　　　　　　　　　　　　(2)
　　(3)　　　　　　　　　　　　　(4)

**敬请注意：** 为确保您能够获得更加全面、合理的保险赔偿，我公司在理赔过程中，可能需要您进一步提供上述所列单证以外的其它证明材料。届时，我公司将及时通知您。感谢您对我们工作的理解与支持！

| 被保险人： | 保险公司： |
|---|---|
| 领到《索赔须知》日期：　年　月　日 | 交付《索赔须知》日期：　年　月　日 |
| 确认签字： | 经办人签字： |
| 提交索赔材料日期：　年　月　日 | 收到索赔材料日期：　年　月　日 |
| 确认签字： | 经办人签字： |

（b）反面

图 4-15　索赔申请书

## 二、立案

### （一）立案的准备工作

（1）接收查勘资料。立案人员应充分掌握查勘信息，包括查勘记录、附页、查勘照片、询问笔录，以及驾驶证、行驶证等复印件。

（2）查阅事故车辆的承保信息。

（3）查阅事故车辆的历史出险信息。

### （二）立案处理

立案人员根据现场查勘和有关证明材料，确认事故是否属于保险责任，是属于交强险的保险责任，还是属于商业险的保险责任，对是否立案提出建议。

（1）若事故不属于保险责任，则按不予立案或拒赔案件进行处理。立案人员应将事故现场、车辆、人员等情况的记录和取证一并归档，并及时向被保险人发出"机动车辆保险拒赔通知书"。

（2）若事故属于保险责任，则需进一步确认被保险人在事故中所承担的责任。对在保险有效期内，且属于保险责任的赔案，立案人员应在现场查勘结束后的 24 h 内立案，并制作相关表格，将信息录入到计算机中，计算机会自动生成贯穿整个赔案的立案编号。

> **注 意**
>
> 经查勘人员核实的重复报案、无效报案、明显不属于保险责任的报案，应提交保险公司接报案部门进行报案注销处理。

## 案例分析

> 到现场详细了解案情，收集现场证据并分析后，查勘员认为这是一起制造撞树的假现场的诈赔案件，遂向公安部门报案。公安人员到达现场后进行调查核实，报案人迫于压力承认其诈赔行为。保险公司拒赔，避免了不必要的损失。

# 任务四　定损与核损

## 案例导入

　　某日，张女士驾车在上班路上，为躲避对面来车撞到了路旁的树上。张女士立即拨打了保险公司的电话进行报案，保险公司询问了张女士相关情况后，随即派查勘人员赶赴现场。查勘员接到通知 8 min 后到达现场，发现车辆损失严重，建议张女士报警处理。交警在接到张女士报警后到达现场，核实该事故真实有效，并出具了交通事故认定书。查勘员查勘了事故现场并询问了当事人的相关情况。由于该车损失较大，不能现场定损，需要到维修厂拆检做完全定损。该车到修理厂后，经过拆检确定车头右侧受损，前保险杠、冷凝器、散热器、右前大灯、前杠中间加强件及水箱框架等都有不同程度的损伤。

　　请思考：如果你是保险公司的定损人员，应如何根据这些情况进行定损？

## 相关知识

### 一、定损

#### （一）定损的概念

　　**定损**是指根据现场查勘记录，保险公司定损员与被保险人、第三方（如交警、修理厂等）协商确定保险事故损失的过程，如图 4-16 所示。事故损失项目包括**车辆损失、人员伤亡损失、其他财产损失**和**施救费用**。

- **车辆损失**：是指在交通事故中车辆的直接损失，如修车费。
- **人员伤亡损失**：是指在交通事故中人员伤亡所导致的经济损失，如医疗费、死亡伤残费。
- **其他财产损失**：是指除车辆损失及人员伤亡损失以外的财产损失，如本车车上财产损失、第三者财产损失。
- **施救费用**：是指发生保险事故时，被保险人为防止损失的进一步扩大，采取必要、合理的措施进行施救而支出的费用，如抢救车上货物的费用。

图 4-16　定损现场

定损直接关系到保险合同双方的切身利益,是车险理赔工作中非常关键的一环,因此保险公司的定损工作必须真实、专业和准确。

### (二)定损的原则

(1)定损人员必须在规定的时间内会同被保险人一起对事故车辆的损失进行核定,确定修理价格。对于被保险人委托他人或查勘救援服务中心索赔的,要求被保险人签署索赔授权书,并交给定损人员。

定损

(2)事故车辆的修理范围仅限于本次事故中所造成的车辆损失,注意区分本次和非本次事故的损失、本次事故损失和正常磨损;坚持"以修为主"的原则,能修复的配件尽量修复;能局部修复的部位不要扩大到整体修理;能更换零部件的就不要更换总成件;要根据修复工艺难易程度及当地工时的费用水平,准确确定工时费用;准确掌握汽车零配件价格。

(3)对被保险人擅自送修的,定损人员应重新核定修理费用。

(4)残值要参照当地汽修市场行情和保险行业的标准(或惯例)确定;配件价格必须按总公司相关规定上报,需遵循"有价有市"和"报供结合"的原则。

(5)若查出有客户自修的部分,则应在定损报告中列明,并由客户确认。

(6)进口车辆定损时,除钣金等不易出错的配件以外,应尽可能核实配件的原厂编码或实物编码,必须描述清楚有颜色要求的配件及附加装置。

(7)超出定损人员权限的案件,需上报核损员审核。

(8)及时上传案件定损明细,经核损后打印事故车辆定损单,作为事故车辆修理价格的依据。

 提 示

残值是指财产遭受损失后尚有可以利用的经济价值。例如,张三的汽车保险杠碰撞后,经保险公司查勘,需要更换一个新的保险杠,但换下来的旧保险杠还能当作废品卖80元,这80元即为残值。

### (三)定损的工作流程

下面以车辆定损为例,学习如何对事故车辆进行定损。定损的工作流程如图4-17所示。

**1. 定损前的准备**

(1)查阅查勘记录,了解事故损失情况,询问查勘员的查勘意见。

(2)查看保险车辆的承保情况,确定损失项目所对应的险种和赔付限额。未承保险别的损失项目不予赔付,如未承保新增设备损失险,应在定损时剔除保险车辆标准配置以外新增设备的损失。定损金额不得超过各险别的最高赔付限额。

(3)查阅涉案车辆的出险记录,避免重复赔付情况的出现。例如,在历史案件中已经定损但未修理的车辆又发生交通事故,而再次定损赔付。

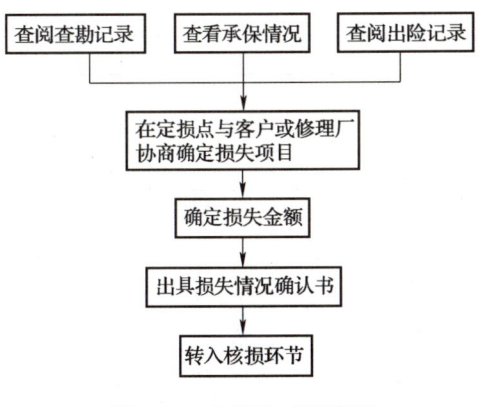

图4-17 定损的工作流程

**2. 预约定损时间,赶赴地点**

与客户或修理厂协商预约定损时间后,定损员赶赴定损地点。

### 3. 确定损失项目和金额

（1）根据现场查勘情况，认真检查事故车辆，确定保险车辆和第三者车辆的受损部位和损失程度，与客户或修理厂协商确定损失项目，包括换件项目和修理项目，并进行登记。

（2）对于需要更换的零部件进行询报价。对于在公司报价范围内的零部件，向公司报价岗询价；对于不在公司报价范围内的零部件，根据当地汽车零配件价格核定。

（3）工时费以当地修理行业的平均价格为基础，并适当考虑修理厂的资质，与被保险人协商确定。

### 4. 出具损失情况确认书

定损员要对本次事故的真实性、是否有损失扩大等做出总结，并出具"机动车辆保险车辆损失情况确认书"（见表4-5），与相关人员签字确认。

表4-5 机动车辆保险车辆损失情况确认书

报案编号：　　　　　　　　　　　　　　　　　　　　　　　　　受损车辆：　□标的车　□三者车

| | 名称 | 厂牌型号 | 车牌号码 |
|---|---|---|---|
| 被保险人 | | | |
| 第三者 | | | |

出险地点：　　　　　　　　　　　　出险时间：　　年　　月　　日

| 修理项目 | 金额 | 序号 | 更换项目 | 数量 | 报价金额 | 核定金额 |
|---|---|---|---|---|---|---|
| | | 1 | | | | |
| | | 2 | | | | |
| | | 3 | | | | |
| | | 4 | | | | |
| | | 5 | | | | |
| | | 6 | | | | |
| | | 7 | | | | |
| | | 8 | | | | |
| | | 9 | | | | |
| | | 10 | | | | |
| | | 11 | | | | |
| | | 12 | | | | |
| | | 13 | | | | |
| | | 14 | | | | |
| | | 15 | | | | |
| | | 16 | | | | |

（修理项目、更换项目增多时，请续用附页）　　　　　材料残值合计：¥_____

修理费合计：¥_____　　材料费　　报价合计：¥_____　　核价合计：¥_____

经四方协商，完全同意按以上核定的价格修理，工料费总计＝修理费＋核价合计－残值＝
人民币____佰____拾____万____仟____佰____拾____元____角____分（¥_____）

按专业维修厂价格定损的，需提供专业维修厂的维修发票，否则我公司将按市场价格重新核定配件价格和维修费用
本损失情况确认书仅代表我公司对损失情况的确认，并不作为最终的赔付承诺

| 修理厂盖章： | 被保险人签字（盖章）： | 第三者签字（盖章）： | 定损员签字： |
|---|---|---|---|
| 　年　月　日 | 　年　月　日 | 　年　月　日 | 　年　月　日 |

> 在车辆定损过程中，需注意以下几点。
> （1）损失严重的车辆应进行拆检定损，且定损人员应全程跟踪车辆的拆检，同时对换件项目和修理项目进行记录。同时，还应注意妥善保管修换零配件。
> （2）对无法一次确定损失的，应根据具体情况安排再次定损。
> （3）与修理厂产生分歧的，定损人员应安排复勘，对损失重新认定。
> （4）对需要核损的案件，要提交核损岗进行核损。核损未通过的，按核损员的要求对定损项目进行重新确定。

### （四）定损的内容要点

#### 1. 车辆损失的确定

**1）确定受损部位**

检查事故车辆时，应遵循以下顺序。

（1）从前到后：从事故车辆的前面到后面依次检查，但对于后端碰撞，应从后到前检查。

（2）从外到内：先检查外部零部件的损坏情况，再检查连接件和内部结构的损坏情况。

（3）从主到次：先检查主要分总成的损坏情况，再查看小器件和其他附件的损坏情况。

**2）维修费用的确定**

事故车辆的维修费用主要由三部分组成，即<u>修理工时费</u>、<u>材料费</u>和<u>其他费用</u>。

（1）<u>修理工时费</u>的计算公式为

$$修理工时费 = 定额工时 \times 工时单价$$

其中，定额工时是指实际维修时核定的工时数；工时单价是指在生产过程中，单位小时的收费标准。

（2）<u>材料费</u>的计算公式为

$$材料费 = 外购配件费 + 自制配件费 + 辅助材料费$$

其中，外购配件费包括配件、漆料和油料等，按实际购进的价格结算；自制配件费按实际制造成本计算；辅助材料费是指在维修过程中使用的辅助材料的费用。

（3）<u>其他费用</u>的计算公式为

$$其他费用 = 外加工费 + 材料管理费$$

其中，外加工费是指实际发生在场外加工的费用；材料管理费是指在材料采购过程中发生的采购、装卸、运输、保管、损耗等费用。

**3）需更换的零配件的询价**

由于零配件价格的动态性较强且市场缺乏统一报价标准，因此，保险公司认识到必须建立一个完整、准确、动态的报供结合的报价体系，如平保、人保都建立了独立的报价体系。对于需要更换的零配件定损人员可直接登录公司的报价系统进行查询。

> 更换下来的零配件一般有以下几种处理方式。
> （1）通常情况下，处理残值采用协商作价归还被保险人并在赔款中予以扣除的做法。
> （2）如果双方协商不成，保险人可将已经赔偿的受损物资收回，并委托有关部门进行拍卖，以便冲减赔款。
> （3）对于一时无法处理的零配件，保险公司损余物资管理部门应收回。

**2．人员伤亡损失的确定**

人员伤亡的补偿标准如表 4-6 所示。

表 4-6 人员伤亡的补偿标准

| 人员伤亡项目 | | 补偿标准 |
| --- | --- | --- |
| 医疗费用 | 医药费、住院费 | 通过医疗机构出具的医药费、住院费等收款凭证，并结合病历和诊断证明等确定 |
| | 住院伙食补助费 | 根据事故发生地国家机关一般工作人员的出差伙食补助标准予以确定 |
| | 营养费 | 根据受害人的伤残情况，参照医疗机构的意见确定 |
| 死亡伤残费用 | 丧葬费 | 按照事故发生地的丧葬费标准计算 |
| | 死亡补偿费 | 按照事故发生地居民的平均生活费计算<br>（1）对 16 周岁（含）～70 周岁（含）的，补偿 10 年<br>（2）对 16 周岁以下的，年龄每减少 1 岁，补偿减少 1 年，最低 5 年<br>（3）对 70 周岁以上的，年龄每增加 1 岁，补偿减少 1 年，最低 5 年 |
| | 交通费 | 按照事故发生地国家机关一般工作人员（处级以下工作人员）的出差住宿标准计算，以 3 人为限 |
| | 护理费 | （1）有固定收入的，按凭据计算，最高为事故发生地平均生活费的 3 倍<br>（2）无固定收入的，按事故发生地的平均生活费计算 |
| | 误工费 | （1）有固定收入的，按凭据计算，最高为事故发生地平均生活费的 3 倍<br>（2）无固定收入的，按事故发生地国营同行业的平均收入计算 |
| | 残疾赔偿金 | 按事故发生地的平均生活费计算<br>（1）50 周岁（含）以下的，评残之日起赔偿 20 年<br>（2）50 周岁以上的，每增长 1 岁，赔偿减少 1 年，最低 10 年<br>（3）70 周岁（含）以上的，赔偿 5 年 |
| | 残疾辅助器具费 | 按国产普及型器具的费用标准计算 |
| | 被扶养人生活费 | 按事故发生时职工生活困难补助标准计算<br>（1）对不满 16 周岁的人，补偿到 16 周岁<br>（2）对无劳动能力的人：50 周岁（含）以下的，补偿 20 年；50 周岁以上的，每增长 1 岁，补偿减少 1 年，最低 10 年；70 周岁（含）以上的，补偿 5 年<br>（3）其他被扶养人，补偿 5 年 |

**3．其他财产损失的确定**

（1）对于本车车上财产的损失，保险人应会同被保险人与相关人员逐项清理受损货物，以确定损失数量、损失程度及损失金额。

（2）对于第三者财产的损失，实际定损费用往往同第三者向被保险人索要的赔偿费用存在一定的差距。保险公司定损人员要向被保险人解释清楚，保险公司仅对直接损失费用进行赔偿，超出部分应由被保险人与第三者协商处理，若协商不成，则可以采用仲裁或诉讼的方式。

#### 4．施救费用的确定

（1）被保险人使用他人（非专业消防单位）的消防设备施救保险车辆所支出的费用，保险人应当负责赔偿。

（2）车辆出险后，雇用吊车和其他车辆进行抢救的费用，以及将事故车辆拖运到修理厂的运输费用，按当地物价部门颁布的收费标准予以赔偿。

（3）在抢救过程中，应由被保险人承担的因抢救而损坏他人财产的，可酌情予以赔偿。但是，抢救人员抢救时丢失个人物品，保险人将不予赔偿。

（4）对于抢救或托运过程中发生意外事故所造成的损失和费用支出，如果抢救车辆是被保险人自己或他人义务来抢救，保险公司应予以赔偿；如果抢救车辆是有偿的，保险公司则不予赔偿。

（5）保险车辆出险后，被保险人赶赴肇事现场处理所支出的费用，不予负责。

（6）保险公司只对保险车辆的救护费用负责。保险车辆发生保险事故后，如果受损车辆与所装载货物同时被施救，应按保险车辆和货物的实际价值进行比例分摊赔偿。

（7）保险车辆为进口车或特种车，在发生保险事故后，当地确实不能修理的，经保险公司同意去外地修理的移送费，保险公司可予以适当负责，但护送车辆者的工资和差旅费，不予负责。

（8）施救费用与修理费用应分别理算。当施救费用与修理费用相加达到或超过保险车辆的实际价值时，保险公司则可推定全损，并予以赔偿。

## 二、核损

### （一）核损的概念

**核损**是指核损人员对保险责任事故中涉及的车辆损失、人员伤亡损失、其他财产损失和施救费用的确定进行复核的过程。核损能够提高定损金额的准确性、标准性和统一性。

### （二）核损的工作流程

核损的工作流程如图4-18所示。

#### 1．接收核损案件

核损员接收核损案件，开始核损。

#### 2．复核案件是否属于保险责任

综合承保、报案、查勘及定损等环节的信息，判断事故是否属于保险责任、是否存在虚假成分。

#### 3．复核事故损失项目

核损员对车辆损失、人员伤亡损失、其他财产损失及施救费用等的确定进行复核。

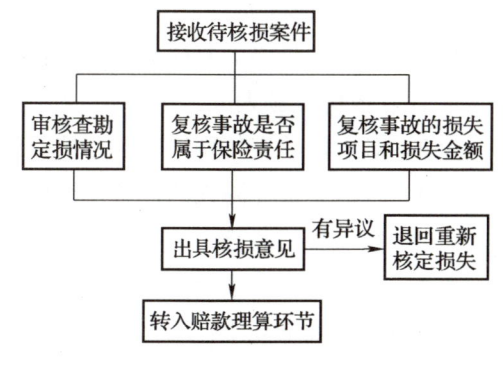

图4-18　核损的工作流程

#### 4．出具核损意见

（1）如果核损通过，则案件转入赔款理算环节。

（2）如果核损不通过，则核损员要求重新核定损失。

### (三)核损的内容要点

#### 1. 对是否属于保险责任的复核

(1) 查看保单的承保险别,审核事故损失是否能对应相应的承保险别,损失金额是否超过了对应险别的最高赔付限额。

(2) 查看保险期限,对邻近保险起止期的保险事故应提高警惕,并对查勘情况进行重点审核。

(3) 核对被保险人与行驶证对应信息是否相符,若不相符,查看是否已经过户、是否有批单。

(4) 检查驾驶证、行驶证是否有效。

(5) 检查事故现场照片是否符合拍摄规范,照片日期是否可疑(照片日期在报案时间之前的可能是虚假案件)。

(6) 通过事故现场查勘照片和事故成因,判断是否存在虚假成分。需要现场复勘的,可联系查勘人员进行恢复现场查勘。

(7) 对历史出险信息进行查阅,检查是否存在重复索赔的情况。

#### 2. 对车辆损失的复核

##### 1) 审核定损清单及事故照片的完整性

若提交的资料不能完整地反映事故损失内容,或照片不能完整地展现事故损失部位和事故全貌,应通知定损员补充相关资料。

##### 2) 换件项目的复核

(1) 剔除可以修复的换件项目(修复费用超过更换费用的除外)。

(2) 剔除非本次事故造成的换件项目。

(3) 剔除历史信息中已经定损更换但修理时未更换的重复索赔换件项目。

(4) 剔除可更换零部件的总成件。

(5) 剔除保险车辆标准配置外新增加设备的换件项目(加保新增设备损失险除外)。

(6) 剔除保险责任免除部分的换件项目,如车胎爆裂引起的保险事故中所爆车胎,自燃仅造成电器、线路、供油系统的损失等。

##### 3) 零配件价格的复核

(1) 零配件价格的复核应该以定损系统本地化价格为依据,并在一定范围内上下浮动;已进行报价的零配件以报价金额为准。

(2) 对于保单有特别约定的,按照约定处理,如专修厂价格、国产或进口玻璃价格等。

(3) 残值归被保险人的,对残值作价金额进行复核。

##### 4) 维修项目的复核

(1) 应严格区分事故损失和非事故损失的界限,剔除非本次事故产生的维修项目。

(2) 应正确掌握维修工艺流程,剔除不必要的维修、拆装项目。

##### 5) 维修工费的复核

(1) 对照事故照片及修理件的数量、损坏程度,剔除超额工时部分。

(2) 以当地的行业维修工时标准为最高上限,参照出险地当时的工时市场单价,剔除超额单价部分。

#### 3. 对人员伤亡损失的复核

(1) 剔除非医保类药(或丙类药)部分和甲、乙类药品中的自费部分。

(2) 剔除治疗中非本次保险事故导致的创伤而产生的医药费。

（3）剔除无原医院证明的擅自住院、转院、再诊、外购药品的费用。

（4）剔除超过医保标准的床位费。

（5）剔除超过医保标准范围的诊疗费。

（6）剔除超过当地物价管理部门核定标准的会诊费。

### 4．对其他财产损失的复核

对其他财产损失项目、数量及维修方案的合理性和价格进行复核。

### 5．对施救费用的复核

（1）剔除不符合当地物价部门颁布的收费标准的托运费用。

（2）剔除非承保财产的施救费用。

## 案例分析

> 保险公司定损员与张女士和修理厂协商预约定损时间，在三方同时在场的情况下，根据现场查勘情况，认真检查事故车辆，确定车辆的受损部位和损失程度，确定修理项目、更换项目及损失金额。最后，定损员对本次事故的真实性、是否有损失扩大等做出总结，并出具车辆损失情况确认书，与张女士和修理厂签字确认。

# 任务五　赔款理算

## 案例导入

> A车投保车损险（保险金额15万元，绝对免赔额500元）后与B车相撞，经事故处理部门认定A承担全部责任，B车无责任。两车相撞，A车损失3 000元，B车损失1 000元。
> 
> 请思考：A车车损险应如何赔付？

## 相关知识

### 一、赔款理算的概念

**赔款理算**是指理算人员审核被保险人提供的有关单证且审核无误后，根据相关法律法规、保险条款及事故证明等确定的事故保险责任及赔偿比例，计算车险赔款、缮制赔款计算书的行为。

## 二、赔款理算的工作流程

在确定保险事故的各项损失后,被保险人向保险公司提供索赔资料进行索赔。保险公司理赔人员在受理索赔后,计算赔款并缮制赔款计算书。赔款理算的工作流程如图4-19所示。

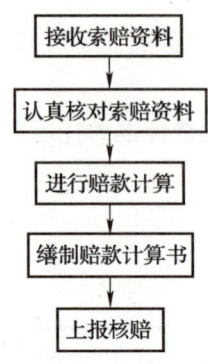

图4-19 赔款理算的工作流程

### 1. 接收索赔资料并审核

保险理赔人员接待客户后,应接收索赔资料。不同案件的索赔资料如表4-7所示。

表4-7 不同案件索赔所需单证

| 单方肇事无人伤 | 单方肇事含人伤 | 双方肇事车损 | 双方肇事车损含人伤 | 盗抢案件 |
|---|---|---|---|---|
| (1)(2)(3)(4)(5)(6)(7) | (1)(2)(3)(4)(5)(6)(7)(8)(9)(10)(11)(12)(13) | (1)(2)(3)(4)(5)(6)(7) | (1)(2)(3)(4)(5)(6)(7)(8)(9)(10)(11)(12)(13)(23) | (1)(2)(14)(15)(16)(17)(18)(19)(20)(21)(22)(23) |
| (1)索赔申请书 | | | (14)保单正本 | |
| (2)行驶证(正、副本) | | | (15)机动车盗抢立(破)案表 | |
| (3)驾驶证(正、副本) | | | (16)车辆登记证书 | |
| (4)事故证明 | | | (17)附加费证 | |
| (5)事故赔偿调解书、法院判决书(如有诉讼) | | | (18)购车发票证明 | |
| (6)修车发票、施救费用及相关费用票据原件 | | | (19)车钥匙 | |
| (7)赔款收据及身份证 | | | (20)县级以上刑侦部门未破获证明 | |
| (8)诊断证明、病例、医疗发票原件及清单 | | | (21)养路费报停证明 | |
| (9)交通事故伤残鉴定书 | | | (22)权益转让书 | |
| (10)户籍证明 | | | (23)被保险人营业执照或身份证复印件 | |
| (11)交通事故死亡证明 | | | (24)其他相关材料 | |
| (12)被扶养人及家庭关系证明 | | | 备注:盗抢案件需登报声明,火烧车需提供消防部门出具的火灾鉴定证明 | |
| (13)伤者及护理人员工资证明 | | | | |

在赔款计算前,理赔人员需认真核对上述索赔材料,确保单证的真实性、合法性和合理性。在审核索赔材料时,理赔人员要剔除不符合规定的项目和金额,并及时通知被保险人补全不完整的资料和证明。

### 2. 进行赔款计算

赔款计算是理算人员根据审核无误的有关单证,对交强险、车损险、第三者责任险、车上人员责任险、附加险等分别计算赔偿金额的行为。在赔偿顺序上，应先通过交强险赔付，不足的部分再由商业险来补充。

提 示

各家保险公司的赔款理算结果可能会不同，这是因为国家放开了保险费率，不同公司规定的费率会有差异。但各家保险公司在计算汽车保险赔款时，都要严格按照相关保险条款和保险单的合同要求进行赔款。

### 3．缮制赔款计算书

在赔款计算核对无误后，可缮制赔款计算书（见表 4-8）。赔款计算书应按险种分别计算赔款，并列明计算公式。赔款计算书各栏内要做到填写项目齐全、内容详细、计算准确。理算人员确认无误后在赔款计算书上签字，并送交核赔人员。

表 4-8　机动车保险赔款计算书

| 保险单号 | | | | 立案编号 | | |
|---|---|---|---|---|---|---|
| 报案编号 | | | | 赔款计算书号 | | |
| 被保险人 | | | | 赔款类别 | | |
| 厂牌型号 | | 车辆购置价 | | 事故类别 | | |
| 号牌号码 | | 车损险保险金额 | | 责任比例 | | |
| 出险日期 | | 第三者责任限额 | | 免赔比例 | | |
| 出险地点 | | 保险期限 | | | | |
| 分险别赔款计算公式 | | | | | | |
| 交强险 | | | | | | |
| 医疗费用赔偿 | | | | | | |
| 死亡伤残赔偿 | | | | | | |
| 财产损失赔偿 | | | | | | |
| 支付抢救费用（人民币大写） | | | | | 元（¥: | 元） |
| 垫付抢救费（人民币大写） | | | | | 元（¥: | 元） |
| 交强险赔款合计（人民币大写） | | | | | 元（¥: | 元） |
| 车损险 | | | | | | |
| 第三者责任险 | | | | | | |
| 附加险 | | | | | | |
| 鉴定费　　　　　　　元 | | 代查勘费　　　　　　　元 | | 诉讼、仲裁费　　　　　　　元 | | |
| 其他费用　　　　　　　元 | | 预付赔款　　　　　　　元 | | 损余物资/残值金额　　　　　　　元 | | |
| 商业险赔款合计（人民币大写） | | | | | | |
| 赔款总计（人民币大写） | | | | | | |
| 经理签字：　　　年　月　日 | | 主管签字：　　　年　月　日 | | 核赔师签字：　　　年　月　日 | | 经办人签字：　　　年　月　日 |
| 上级审批意见　　　　　　　　　　　　　　　　　　　　　　　　　　　　　　　　　　　　年　月　日 | | | | | | |

## 三、赔款计算

### （一）交强险的赔款计算

交强险的赔偿项目包括三类，即死亡伤残、医疗费用和财产损失。交强险对这三类赔偿项分别设定了有责赔偿限额和无责赔偿限额（见表2-2），各项目的赔偿金额不得超过对应的赔偿限额。

交强险总赔款 = 各分项赔款之和
= 死亡伤残赔款 + 医疗费用赔款 + 财产损失赔款

（1）当保险事故涉及多个受害人时，赔款计算公式为

某一受害人分项损失的赔偿金额 = 交强险分项赔偿限额 ×(该受害人分项核定损失承担金额 / 所有受害人核定损失承担金额)

（2）当保险事故涉及多辆肇事机动车时，赔款计算公式为

某分项损失的赔偿金额 = 该分项损失金额 ×(适用交强险该分项赔偿限额 / 所有致害方交强险该分项赔偿限额之和)

小案例

**案情简介**：A车肇事造成甲、乙两个行人受伤，甲的医疗费用是12 000元，乙的医疗费用是8 000元。A车交强险应赔付甲、乙的医疗费各是多少？

**案例分析**：由于A车肇事造成行人受伤，被保险人有责，因此交强险医疗费用赔偿限额是18 000元。A车交强险应赔偿的医疗费应为

12 000 + 8 000 = 20 000(元)

该金额大于交强险医疗费用赔偿限额。根据交强险赔偿原则，交强险先行赔偿甲、乙两人医疗费用共计18 000元，其他部分由商业险进行赔偿。因此，A车交强险应赔付的医疗费为

甲获得交强险赔款 = 18 000×12 000 / (12 000 + 8 000) = 10 800 (元)

乙获得交强险赔款 = 18 000×8 000 / (12 000 + 8 000) = 7 200 (元)

### （二）车损险的赔款计算

**1．全部损失**

被保险机动车发生全部损失的计算公式为

赔款 = 保险金额 − 被保险人已从第三方获得的赔偿金额 − 绝对免赔额

**2．部分损失**

被保险机动车发生部分损失，保险人按实际修复费用在保险金额内计算赔偿，计算公式为

赔款 = 实际修复费用 − 被保险人已从第三方获得的赔偿金额 − 绝对免赔额

**3．施救费**

若施救的财产含保险合同之外的财产，保险人应按保险合同保险财产的实际价值占总施救财产的实际价值比例分摊施救费用。

### （三）第三者责任险的赔款计算

（1）当（依合同约定核定的第三者损失金额 − 交强险的分项赔偿限额）× 事故责任比例等于或高于

每次事故责任限额时：

$$赔款 = 每次事故责任限额$$

（2）当（依合同约定核定的第三者损失金额 − 交强险的分项赔偿限额）× 事故责任比例低于每次事故责任限额时：

$$赔款 = （依合同约定核定的第三者损失金额 − 交强险的分项赔偿限额）× 事故责任比例$$

### （四）车上人员责任险的赔款计算

（1）对每座的受害人，当（依合同约定核定的每座车上人员人身伤亡损失金额 − 应由交强险赔偿的金额）× 事故责任比例等于或高于每次事故每座责任限额时：

$$赔款 = 每次事故每座责任限额$$

（2）对每座的受害人，当（依合同约定核定的每座车上人员人身伤亡损失金额 − 应由交强险赔偿的金额）× 事故责任比例低于每次事故每座责任限额时：

$$赔款 = （依合同约定核定的每座车上人员人身伤亡损失金额 − 应由交强险赔偿的金额）× 事故责任比例$$

### （五）附加险的赔款计算

下面介绍部分附加险的赔款计算方法。

（1）附加绝对免赔率特约条款。计算公式为

$$主险实际赔款 = 按主险约定计算的赔款 ×（1 − 绝对免赔率）$$

（2）附加车轮单独损失险。计算公式为

$$赔款 = 实际修复费用 − 被保险人已从第三方获得的赔偿金额$$

（3）附加新增加设备损失险。计算公式为

$$赔款 = 实际修复费用 − 被保险人已从第三方获得的赔偿金额$$

（4）附加车身划痕损失险。计算公式为

$$赔款 = 实际修复费用 − 被保险人已从第三方获得的赔偿金额$$

（5）附加修理期间费用补偿险。

全车损失，按保险单载明的保险金额计算赔偿；部分损失，在保险金额内按约定的日补偿金额乘以从送修之日起至修复之日止的实际天数计算赔偿，实际天数超过双方约定修理天数的，以双方约定的修理天数为准。

## 案例分析

> 被保险机动车发生部分损失，保险人按实际修复费用在保险金额内计算赔偿。
> A 车车损险赔款 = 实际修复费用 − 被保险人已从第三方获得的赔偿金额 − 绝对免赔额
> = 3 000 − 100 − 500 = 2 400（元）

## 任务六　核赔与结案

### 案例导入

> 某实业公司向当地某保险公司投保一辆丰田面包车，投保险种包括交强险、车损险、第三者责任险等。2017年1月至3月期间，该车两次出险，均由该单位司机姜某办理索赔手续。鉴于该车的投保业务也是由姜某办理的，保险公司核赔人员并未要求其出示委托证明。2017年5月，姜某到保险公司报案称车辆丢失，同时办理了索赔手续。同年9月，本案理赔完毕，依据姜某出具的委托付款函，保险公司将11万元的赔款打到姜某指定的某装潢设计公司的账户上。2017年11月，被保险人实业公司派人到保险公司催取赔款，保险公司方知赔款被姜某骗去。原来，姜某7月已被实业公司辞退，但其仍继续以被保险人的名义进行索赔，且装潢设计公司也已倒闭。
>
> 请思考：为什么赔款会被姜某冒领？保险公司在核赔时应注意什么？

### 相关知识

#### 一、核赔

##### （一）核赔的概念

**核赔**是指保险公司核赔人员在授权范围内，按照保险条款及保险公司内部相关规定对赔案进行审核的行为，如图4-20所示。

##### （二）核赔的工作流程

核赔是对整个赔案信息的审核，包括报案、查勘、定损、核损和理算等。核赔员通过对上述信息的综合审核给出赔付意见。核赔的工作流程如图4-21所示。

图4-20　核赔现场

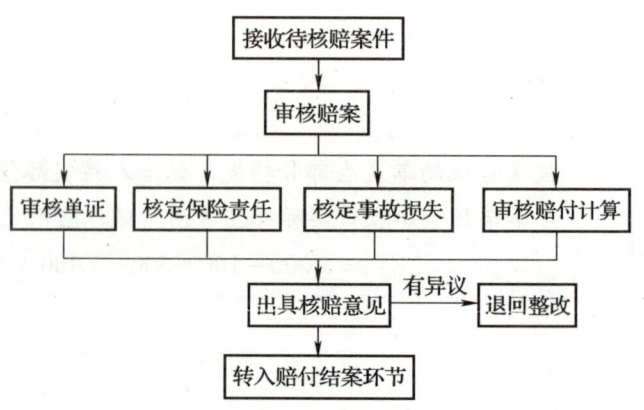

图4-21　核赔的工作流程

**1．接收核赔案件**

核赔员进入车险理赔系统，选择待核赔案件开始进行核赔。

**2．审核赔案**

核赔员通过审核赔案的各种信息来确认案件是否符合赔付要求。审核的信息包括报案信息、保单信息、查勘信息、事故损失信息、核损信息及理算信息等。

**3．出具核赔意见**

（1）如果案件符合赔付要求，则核赔人核赔同意，案件转入赔付结案环节。

（2）如果案件不符合赔付要求，则核赔人核赔不同意，说明原因并将案件退回到相应环节的负责人进行处理。在问题得到解决且再次核赔通过后，案件再转入赔付结案环节。常见的退回问题及处理方式如表 4-9 所示。

表 4-9　常见核赔退回处理方式

| 常见问题类型 | 责任人 | 退回用语 | 回复用语 |
|---|---|---|---|
| 单证不全 | 缮制人员 | 缺××单证 | ××单证已补 |
| 理算错误 | 缮制人员 | ××险种计算错误 | 计算错误已修改 |
| 查勘信息不全 | 查勘人员 | 缺车架号（或车牌号、发动机号） | ××已上传 |
| 损失项目有异议 | 核损人员 | ××更换不合理 | ××已删除，做修复处理 |
| 损失项目价格有异议 | 核损人员 | ××价格偏高 | 价格已修改 |

### （三）核赔的内容要点

核赔并不只是简单地审核单证，而是对整个赔案处理的质量进行把控。核赔时，一要及时了解保险标的出险原因、损失情况，对重大案件，应参与现场查勘；二要审核、确定保险责任；三要审核事故损失；四要审核赔款计算；五要审核索赔人及支付对象。

**1．审核单证**

（1）审核被保险人提供的单证及相关证明材料是否齐全有效，有无涂改、伪造等。

（2）审核相关单证是否规范填写。

（3）审核签章是否齐全。

**2．核定保险责任**

（1）核定出险时间是否在保险期限内。

（2）核定驾驶人是否为保险合同约定的驾驶人。

（3）核定出险是否属于保险事故。

（4）核定赔偿责任是否与承保险种相符。

（5）核定出险车辆的厂牌型号、号牌号码、发动机号、车架号等是否与保险单证所载信息相符。

（6）核定事故责任划分是否准确、合理。

**3．审核事故损失**

**1）车辆损失**

（1）审核车辆定损项目和损失程度是否准确、合理。

（2）审核更换的零部件是否按规定进行了询价，定损项目与报价项目是否一致。

(3) 审核换件部分的赔款金额是否与报价金额相符。

(4) 审核残值确定是否合理。

2）人员伤亡损失

根据查勘记录、调查证明和被保险人提供的事故责任认定书、事故调解书及伤残证明，依照国家道路交通事故处理的法律法规和其他有关规定进行审核。

(1) 审核伤亡人数、伤残程度是否与调查情况和证明相符。

(2) 审核人员伤亡费用是否合理。

(3) 审核被扶养人姓名、年龄是否真实，生活费计算是否准确、合理。

3）其他财产损失

通过照片和相关单证，审核物损是否是保险事故造成的，财产损失金额和赔款计算是否合理准确。

4）施救费用

根据案情和施救费用的有关规定，审核施救费用的单证是否有效、金额确定是否合理。

### 4．审核赔付计算

(1) 审核残值是否扣除。

(2) 审核免赔率的使用是否正确。

(3) 审核赔款计算是否正确。

### 5．审核索赔人

(1) 审核索赔人是否为被保险人。

(2) 当索赔人不是被保险人时，应持有相应的法律证明（法院判决书、死亡证明、失踪证明）或符合法律要求的被保险人委托办理索赔的授权委托书。

### 6．审核支付对象

(1) 原则上赔款只能支付给被保险人或法定受益人。

(2) 某些特定的情况下，收款人可以是交通事故的受害人、医院或法院等。

> **提 示**
>
> 需要由本公司核赔的，核赔人员审核签字后，报领导审批；需要由上级公司核赔的，核赔人员经审核提出核赔意见，报领导签字后，提交上级公司核赔。上级公司核赔时应重点审核以下几个方面。
> (1) 普通案件的责任认定和赔款计算的准确性。
> (2) 有争议赔款的旁证材料是否齐全有效。
> (3) 诉讼赔案的证明材料是否有效。
> (4) 拒赔案件是否有充分的证据和理由。
> 在以上核赔和审批手续完成后，案件方可进行结案处理。

## 二、结案

### （一）赔付结案

(1) 赔案经审批通过后，业务人员应填发《机动车辆保险领取赔款通知书》和赔款收据（见图4-22），同时通知会计部门支付赔款。

车险赔款支付

（2）被保险人领取赔款后，业务人员按赔案编号在《机动车辆保险已决赔案登记簿》上登记，同时在《机动车辆保险报案、立案登记簿》的备注栏中注明赔案编号和日期，作为续保时是否给付赔款优待处理的依据。

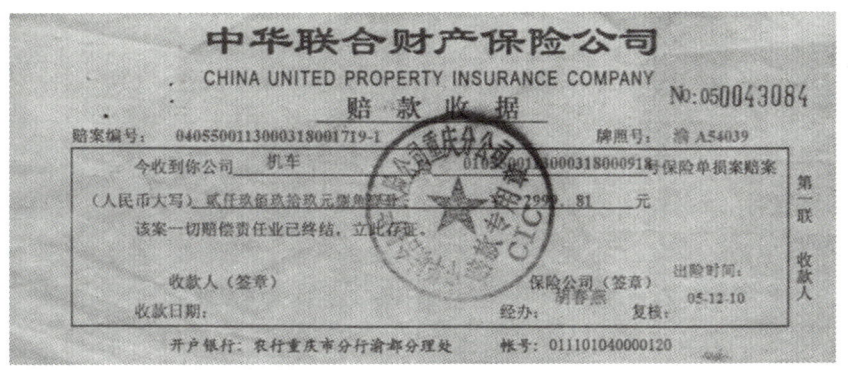

图 4-22  车险赔款收据

> 由于第三者的过错致使保险标的发生保险责任范围内的损失，保险公司按照保险合同的约定支付赔款后，被保险人应签署"权益转让书"，并协助保险公司向第三者追偿。

## （二）未决案的处理

未决案是指在规定的时间内，已经估损、立案，但尚未结案的案件，或被保险人尚未领取赔款的案件。处理未决赔案时，应按照以下原则处理。

（1）定期跟踪案件，对于可以结案的案件，应督促被保险人尽快交齐索赔材料，赔偿结案。

（2）对尚不能结案的案件，应认真核对、调整损失金额。

（3）对已超过时限、被保险人不办理手续或找不到被保险人的案件，应按照"注销案件"处理。

# 案例分析

> 本案中，保险公司核赔时在并没有审核索赔人姜某身份的情况下，就根据姜某个人出具的委托付款函将赔款转至第三方账户，因此保险公司对赔款被冒领负有主要责任。作为被保险人的实业公司，在姜某被辞退后没有及时通知保险人，也给姜某骗取赔款以可乘之机。因此，双方都有过错，应分别承担相应的责任。保险人应向真正的被保险人支付保险金，但可增加相应的免赔额。
>
> 保险公司在审核单位索赔时，应当要求该公司的索赔人员出示能够证明其身份的有关证件，包括身份证、工作证和单位的介绍信或委托书等，以防止骗赔案件的发生。

# 项目情景演练

## 一、情景描述

某日中午，李先生驾私家夏利车到饭店吃饭，在倒车入位时不小心与一辆尼桑骐达轿车相撞。李先生立即拨打了中国平安和122交警报案电话。保险公司接报案员于微询问了李先生的车牌号码，核实了车辆承保信息以及李先生的联系方式、出险地点等，并简单了解了事故经过，安排查勘员刘强赶赴现场查勘。10 min 后，刘强到达事故现场进行查勘，并询问了李先生相关情况。经查勘，李先生的轿车右后尾灯损坏，右后叶子板变形；骐达车前保险杠右侧受损，右前大  灯损毁，右前叶子板轻微变形，两车均需进一步到修车厂拆检定损。交警出具交通事故认定书确认李先生倒车时观察不清，负事故全责。

保险公司定损员王明与李先生、修理厂协商定损时间，在三方同时在场的情况下，对车辆进行拆检定损。拆检结果如下：夏利车右后尾灯损坏，应更换，右后叶子板变形，应整形修理，维修费用总计260元；骐达车大灯表面划痕较深需更换，中网需更换，前叶子板需要整形喷漆，前保险杠右侧需要修复，维修费用总计1 150元。根据事故责任认定结果，由于夏利车只投保了交强险，只获得骐达车保险公司的赔偿100元。骐达轿车维修费用在交强险2 000元范围内，故夏利车保险公司赔偿骐达车1 150元。保险公司核赔员王丽进行了核赔，核赔通过后，结案员赵霖办理了结案，李先生和夏利车车主均获得了相应的赔偿。

## 二、情景模拟

（1）学生可以3人为一组进行上述情景模拟演练，其中一人扮演车主李先生，一人为保险公司理赔人员，一人为记录人员。

（2）根据本项目所学内容，反复进行演练，不断完善演练效果。

（3）到汽车保险模拟实训室，依据最终确定的演练方案，进行汇报演出。

## 三、情景分析

李先生驾车发生交通事故，向保险公司报案索赔，保险公司受理报案、现场查勘、立案、定损、核损、赔款理算、核赔及结案。

综合运用车险理赔知识，完成以下场景的情景演练。

情景一：保险公司于微接到李先生电话报案后，根据报案人提供的信息，查询保单并核对信息，询问事故信息，确认立案后，安排查勘员现场查勘。

情景二：查勘员刘强接到查勘通知后，立即赶往查勘现场，了解事故损失情况，收集理赔资料，初步确定事故责任。

情景三：定损员王明与李先生、修理厂协商定损。

情景四：结案员赵霖办理了结案手续。

### 四、脚本示例

下面以情景二为例介绍脚本的编写，仅供参考。

**人物角色**：车主李先生，查勘员刘强。

**基本情景**：车主李先生向中国平安保险公司报案，保险公司接报案后，安排查勘员刘强赶往现场进行查勘。

（刘强接到通知 10 min 后，赶到事故现场）

刘强：您好，请问是李先生吗？我是中国平安保险公司查勘员刘强，这是我的名片。受公司的委托，您的这次事故由我来处理。

李先生：您好。

刘强：请您介绍一下事故经过吧。

李先生：是这样的，我在倒车时不小心撞到了一辆尼桑骐达轿车。……

（刘强向交警确认李先生负全责，并进行了现场查勘取证工作）

刘强：经查验，您的轿车右后尾灯损坏，右后叶子板变形；骐达车前保险杠右侧受损，右前大灯损毁，右前叶子板轻微变形。

李先生：好的。请问保险公司能赔偿我的损失吗？能赔偿多少呢？

刘强：目前尚不能确定全部损失，为了对您负责，避免您的不必要损失，需要进行车辆拆检定损。定损结束后，我们将尽快完成维修价格核定工作。期间可能需要您的配合。

李先生：好的。

刘强：这是您的索赔申请书，请您逐项填写。

李先生：好的，谢谢。

（5 min 后，李先生填完索赔申请书）

刘强：如果您在事故处理或车辆修复中遇到什么问题可及时与我联系，我的电话是×××。感谢您的配合，再见。

李先生：再见。

## 复习思考题

### 一、填空题

1. 车险理赔主要具有_____、_____、_____、_____和_____等特点。

2. 当被保险人出险报案时，可采取多种方式报案，如_____、_____、_____和_____。

3. 查勘的事故现场主要分为3类，即_____、_____和_____。

4. 现场查勘主要采用4种方法，即_____、_____、_____和_____。

5．＿＿＿＿＿＿是再现交通事故发生过程、分析事故原因与责任的最为客观的依据，如＿＿＿＿＿＿、＿＿＿＿＿＿和＿＿＿＿＿＿等。

6．定损时，事故损失项目包括＿＿＿＿＿＿、＿＿＿＿＿＿、＿＿＿＿＿＿和＿＿＿＿＿＿。

7．事故车辆的维修费用主要由三部分组成，即＿＿＿＿＿＿、＿＿＿＿＿＿和＿＿＿＿＿＿。

8．定损员要对本次事故的真实性、是否有损失扩大等做出总结，并出具＿＿＿＿＿＿，与相关人员签字确认。

9．＿＿＿＿＿＿是指核损人员对保险责任事故中涉及的车辆损失、人员伤亡损失、其他财产损失和施救费用的确定进行复核的过程。

10．＿＿＿＿＿＿是指理算人员审核被保险人提供的有关单证且审核无误后，根据相关法律法规、保险条款及事故证明等确定的事故保险责任及赔偿比例，计算车险赔款、缮制赔款计算书的行为。

11．当进行保险事故赔偿时，应先通过＿＿＿＿＿＿赔付，不足的部分再由＿＿＿＿＿＿来补充。

12．在赔款计算核对无误后，可缮制＿＿＿＿＿＿。

13．＿＿＿＿＿＿是指在规定的时间内，已经估损、立案，但尚未结案的案件，或被保险人尚未领取赔款的案件。

## 二、简答题

1．什么是汽车保险理赔？

2．简述汽车保险理赔的意义。

3．在车险理赔过程中，应遵循哪些原则？

4．简述汽车保险理赔人员的岗位要求。

5．简述受理报案的主要内容。

6．什么是现场查勘？在现场查勘前应做好哪些准备？

7．简述现场查勘的主要内容。

8．什么是定损？简述定损的工作流程。

9．核损时，如何审核案件是否在保险责任赔付范围内？

10．甲、乙两车发生严重碰撞事故，甲车全损，且该车在某保险公司投保的保险金额为8万元。出险时甲车的实际价值为6.5万元，残值作价3 000元。根据交通事故处理机关认定甲方负主要责任，承担70%的事故损失。请计算该保险公司车损险需支付甲车的赔款。

11．什么是核赔？简述核赔的内容。

12．处理未决赔案时，应遵循哪些原则？

# 参考文献

[1] 董恩国，张蕾. 汽车保险与理赔实务 [M]. 2版. 北京：机械工业出版社，2014.

[2] 荆叶平. 汽车保险与理赔 [M]. 2版. 北京：人民交通出版社，2016.

[3] 沙克文. 汽车保险与理赔 [M]. 北京：人民邮电出版社，2011.

[4] 程浩勋，黄关山. 汽车保险与理赔 [M]. 2版. 北京：人民交通出版社，2016.

[5] 张彤. 汽车保险与理赔 [M]. 2版. 北京：清华大学出版社，2014.

[6] 杨帅，宋丹，詹慧贞. 汽车保险与理赔 [M]. 北京：航空工业出版社，2017.